L.

I.

APPEL
AU PATRIOTISME
FRANÇAIS;

PAR M. LE VICOMTE

DE CALVIMONT St-MARTIAL.

Charles X, Roi constitutionnel par la Charte,
est absolu par l'amour.

A PARIS,

Chez { DENTU, au Palais-Royal;
MAZE, rue de Seine, n.° 31;
CHARLES MARY, passage des Panoramas.

IMPRIMERIE D'AD. MOESSARD,
RUE DE FURSTEMBERG, N.° 8.

JUILLET 1830.

APPEL
AU PATRIOTISME
FRANÇAIS.

INTRODUCTION.

Louis XIV, après de brillantes victoires, vit tout-à-coup ses armes échouer en Flandre, en Italie et en Espagne. Obligé par ces revers de céder, pour le repos de la France, aux prétentions de ses ennemis, il leur offrit des conditions de paix avantageuses; mais eux en imposaient d'humiliantes : s'y soumettre était indigne des Français, continuer la guerre était se vouer aux plus grands sacrifices.

Louis-le-Grand voulut alors que le sort de la France, décidé jusque-là dans le secret du conseil, fût décidé par les Français eux-mêmes.

C'est ainsi que par un noble appel à tous ses sujets, il invita chacun d'eux à se montrer digne de son Roi dans une conjoncture si pressante. Une Proclamation royale parut; et à la vue des prétentions de l'ennemi et des satisfactions qu'on lui offrait, quels sentimens éprouvèrent nos ancêtres! « On se récria dès-lors, dit un historien, sur l'injustice et l'arrogance des » alliés, et l'on résolut de se sacrifier pour » la gloire du Roi. La plupart des Français » jurèrent de verser jusqu'à la dernière » goutte de leur sang pour soutenir leur » Roi. De pareils sentimens mirent la » France en état de faire des efforts, de » lever une nouvelle armée, et d'obtenir » des succès qui étonnèrent ceux qui la » croyaient expirante ».

Cependant de nouveaux échecs semblèrent un moment menacer la France d'affreux malheurs; les conditions de paix offertes par les alliés devinrent encore plus révoltantes; leurs représentans affectaient dans leurs discours et dans leurs procédés une hauteur qui insultait à la grandeur du Monarque et du peuple français.

Louis XIV rejette une seconde fois toute proposition d'accommodement, et avant d'appeler ses sujets à de nouveaux combats, c'est encore par une Proclamation qu'il interroge leur courage. Ses sujets répondent à ce second appel avec un nouvel enthousiasme. Le dévouement patriotique se charge de recomposer nos rangs, et la valeur française y ramène la victoire.

Tel fut donc, à cette grande époque, l'effet merveilleux de quelques paroles royales. Ce qu'ont été les sujets de Louis XIV, rougirions-nous de l'être aussi?

Eh bien! le petit-fils de Louis XIV vient aussi d'adresser une Proclamation aux Français. Celle-là leur impose-t-elle de pénibles sacrifices, l'obligation de verser du sang, de soumettre des nations rivales? Non! Mais en est-elle d'une nécessité moins pressante? Les grandes calamités, les guerres désastreuses, sont quelquefois moins dangereuses pour une nation, que le malaise et les agitations politiques. Les unes la raniment en la déchirant, les autres la déchirent, mais la paralysent.

C'est à un pareil malaise, c'est à de semblables agitations politiques, que la France est maintenant en proie; son danger est imminent: une Proclamation royale qui le signale aux Français, pour les éloigner du précipice, était donc indispensable.

Un parti a fait pour lui-même du Gouvernement constitutionnel l'instrument de son despotisme : avec la Chambre élective, il a tenté de maîtriser le Roi ; avec le corps électoral, il veut encore maîtriser à son gré l'organisation de la Chambre élective; le pouvoir du Roi et des Chambres étant le sien, il est donc le seul qui prétende commander en France.

Son audace, ses projets, ses tentatives contre le Roi, contre la nation, voilà ce qui révèle chaque jour son existence : la nation renferme ainsi dans son propre sein l'ennemi qui la perd. Bien plus, il ose se dire la nation elle-même, et à la faveur de ce nom, il poursuit sa conquête avec une effrayante persévérance.

Auteur de la dernière révolution, veut-il en renouveler le fléau? A cet égard même, il n'use plus de dissimulation; car la *révolution*, c'est le nom qu'il a repris; la *contre-révolution*, c'est le nom qu'il donne à ses adversaires, c'est-à-dire aux véritables amis du Roi et de nos institutions.

Ainsi, pour lui la Charte disparaît toute entière avec son règne de quinze années; le temps de l'Empire ou de l'usurpation ne fixe presque pas même ses regards, et franchissant tous les temps, tous les obstacles, il voudrait faire retomber la France dans cet affreux *chaos*, si bien caractérisé par le nom de *Révolution*.

Mais le Roi est sur son trône, la Charte et les lois du pays sont sous sa tutelle. Menacé directement lui-même, c'est sa couronne, la constitution, la France toute entière qu'il lui faut défendre. Louis XIV, quand il invoqua le zèle et l'amour de ses peuples, se trouva-t-il lui-même dans une position plus critique, plus importante? Non, sans doute.

Il s'agissait bien pour lui d'un titre de

plus à l'admiration de l'univers, à l'immortalité, et pour la France, de sa gloire militaire et de l'étendue de ses conquêtes ; mais aujourd'hui, il s'agit pour Charles X, de la conservation de sa couronne, du maintien de la paix publique et du salut de la nation. Louis XIV eût donc pu se relâcher envers ses ennemis ; Charles X ne peut céder à des factieux.

Cependant le grand Roi en appela aux cœurs, aux armes, au secours de tous ses sujets, et il vit chaque fois ses espérances dépassées par le résultat de leur zèle et de leur amour. Charles X ne trouverait-il pas dans les siens assez de patriotisme (je ne dis rien de plus) pour obtenir, par une Proclamation, ce qui doit en ce moment opérer le salut de l'État?

Déjà les élections sont en grande partie consommées. Deux classes, hélas trop distinctes! divisent les députés qui viennent d'être élus ; une d'elles jusqu'ici a été bien supérieure à l'autre par le nombre ; c'est celle des députés libéraux. De pareils succès, qui font gémir les amis du bien public, attestent la puissance du *comité directeur*, ses intrigues, ses cabales et ses vexations, moyens infaillibles pour lui d'imposer partout ses choix, et partout de les faire triompher.

Les électeurs, la plupart citoyens paisibles, et tout adonnés aux douces occupations de la vie domestique, sont impitoyablement entraînés par le comité directeur dans le tourbillon de la politique. Là, il sait, avec un avantage toujours certain, triompher de leur faiblesse.

Ainsi d'après lui, dans ce moment, les électeurs en masse doivent élire une Chambre, non pour aider la royauté, mais pour l'enchaîner dans ses actes les plus libres; et afin de s'emparer de tous les votes pour arriver à ce but important, que de motifs particuliers ne fait-il pas valoir, que d'intérêts privés ne met-il pas en jeu?

Pour effrayer les électeurs paisibles qui goûtent le repos dans les murs de leurs villes et au sein de leurs familles, le comité directeur leur présentera le pouvoir du Roi comme l'ennemi des citoyens et de leur indépendance; il en attestera même ce qu'il appelle les *massacres de Paris*, et tout nouvellement la *résistance d'Angers :* double preuve, selon lui, que partout les mandataires du Roi ont soif du sang du peuple, et veulent tyranniser jusqu'aux élans de son plus noble enthousiasme.

Sont-ce des électeurs de campagne, contens, pour la plupart, de vivre en paix du prix de leurs sueurs, de cultiver leur modeste patrimoine, et uniquement jaloux de conserver long-temps ce qu'ils appellent le bonheur ? Le comité directeur les environne, ne répand autour d'eux que l'inquiétude et l'effroi. Voter pour les partisans du Roi, leur dit-il, c'est assurer, c'est accélérer le retour menaçant des dîmes, des droits féodaux, des priviléges du clergé et de la noblesse, et conséquemment, pour les petits, le retour de la milice, des corvées, et de toutes les humiliations.

S'agit-il de ces autres électeurs, qui, en très-grand nombre, possèdent encore des biens d'émigrés dits *nationaux ;* ceux-là, plus que tous les autres, le comité directeur les exhorte au nom de leurs plus chers intérêts, de ne pas seconder le parti du Roi; car ce parti ne médite que la ruine de la Charte, conspire surtout l'abolition de l'article 9, qui déclare inviolables les propriétés nationales. Si ce parti triomphe, que les acquéreurs de ces propriétés tremblent; leur dépouillement et leur infortune attesteront bientôt les terribles effets de sa vengeance!

Quant à cette dernière classe, plus nombreuse encore. d'électeurs que le commerce intéresse, il est trop languissant, leur dira-t-on (et en effet on a tout fait soi-même pour le paralyser) : les grands sont ennemis de la classe industrielle ; le commerce, qui fait son existence, ne trouvera jamais faveur auprès d'eux; et le parti *du Roi* est-il autre chose que le parti des *grands?* loin donc de la pensée d'aucun électeur industriel de le favoriser : la nation toute entière est intéressée à sa ruine; cette ruine, le moment est venu de la consommer; la Chambre élective avait tenté de l'opérer par une adresse qui enjoignait au Roi de renvoyer ses Ministres : il a résisté à cette Adresse; il a lui-même renvoyé la Chambre... Eh bien! c'est au peuple souverain à déclarer, par le renvoi complet et immédiat des signataires de l'Adresse, qu'il entend faire prévaloir sa volonté. Cette volonté ferme peut seule lui donner la victoire!

Voilà par quelles insinuations, par quelles manœuvres le libéralisme a travaillé et cherche encore à travailler tous les esprits. Chaque électeur instruit à son école devient un instrument dangereux pour l'État, et par lui la majorité du corps électoral menace d'être la ruine du pays. Qu'est-ce, en effet, qu'une majorité de citoyens trompés, séduits ou effrayés, qui, dans le plus profond aveuglement, répondent par le cri de la terreur ou de la vengeance à l'appel que fait la couronne à leur conscience et à leur patriotisme?

Quel vote libre et indépendant peuvent émettre des hommes à qui le Roi demande d'un côté dans leur propre intérêt, des députés probes et sages ; à qui la révolution persuade d'un autre côté qu'une seule pensée doit inspirer leur choix : celle de combattre les intérêts du Roi.

Il fallait, dans cette intention, que

le libéralisme s'efforçât surtout d'obtenir en cette circonstance la réélection de ceux qui avaient voté l'Adresse. N'ont-ils pas en effet bien mérité de la patrie? ils ont protesté contre des Ministres royalistes; ils ont même voulu les accuser: et qu'ont-ils fait pour cela?

Richelieu a dit qu'avec *deux lignes de l'écriture d'un homme, on pouvait faire le procès au plus innocent.* Eh bien! ce ne sont pas deux lignes, ce n'est pas même un mot que le libéralisme a pu opposer à l'innocence des ministres du 8 août, et cependant il rédige contre lui une Adresse flétrissante, une Adresse qui n'accusait que leur *pensée* ou leur *intention*. Beau monument de capacité pour des hommes d'État! Ils auraient dû apprendre de Burke, ces accusateurs despotes, « qu'il n'est pas » un seul gouvernement en état de subsister un seul instant, s'il était possible de » le renverser pour une chose aussi vague » et aussi indéfinie que *l'idée d'inconduite.* »

Oui, leur Adresse a été en France l'application exacte du principe révolutionnaire du fameux Price, lorsque ce docteur proposait pour Adresse au Parlement anglais, de dire au Roi « que sa Majesté devait se regarder plutôt comme le serviteur que comme le Souverain de son peuple. »

Par les réflexions qui précèdent, le lecteur a pu juger que je me propose de fixer son attention dans cet écrit sur les objets les plus capables d'éclairer la conscience et de ranimer le patriotisme de ceux qui peuvent encore par leur vote contribuer à la décision des destinées de la France.

En effet, un grand nombre de députés restent encore à nommer, lors même que ce nombre, tout entier composé des défenseurs de la bonne cause, n'assurerait pas encore au parti qui la soutient une majorité pourtant si importante à l'État, ne serait-il pas toujours bien beau, bien consolant pour lui, de voir ses intérêts appuyés fortement et vaillamment défendus, en attendant que le jour de leur triomphe arrive?

Rien ne saurait décourager les amis de l'ordre. Autant sont grands les torts de ceux qui blessent la justice, autant il est nécessaire qu'elle en obtienne une prompte réparation. Or, pour prouver que la droiture d'âme et la vérité sont toutes deux du côté des royalistes, l'erreur, les insinuations perfides et les coupables manœuvres, toutes du côté de leurs adversaires, dans cet essai, fruit sans doute trop précipité de mon zèle, je m'efforcerai d'achever le tableau déjà ébauché par moi, du *Libéralisme** *en présence des élections*.

Je me propose cependant de montrer au lecteur, sous trois faces nouvelles, cet affligeant tableau. Je retracerai d'abord les efforts par lesquels le libéralisme a essayé de fermer les oreilles des Français à la voix de leur Roi. Je m'occuperai en second lieu des doctrines perfides par lesquelles il a entendu triompher de toutes les élections, et enfin des coupables *menées* par lesquelles il en poursuit encore le succès, en haine du Roi et de la Charte.

Mais en parlant de ces menées, de ces manœuvres du comité direc-

* Brochure tout récemment publiée.

teur, insultantes pour la nation qu'elles déshonorent, pour le Roi qu'elles bravent, ne devons-nous pas souhaiter avant tout d'en voir bientôt la fin?

Le grand Richelieu, dévoilant la conduite équivoque et dangereuse de quelques hommes influens de son époque, s'écria: « Cela ne doit pas se souffrir en bonne politique; le Roi veut absolument voir la fin de ces menées. »

Notre Roi le veut aussi: que le libéralisme, tout en bravant cette auguste volonté, se prépare à reculer devant elle. Charles X ne tolérera pas plus long-temps un ennemi qui fait de ses attributs de *Roi* un jouet, et de son amour de *père* un ridicule.

CHAPITRE PREMIER.

LA PROCLAMATION DU ROI*

VENGÉE

DES ATTAQUES DU LIBÉRALISME.

Quand un Roi veut exprimer à son peuple, non ses volontés dont les lois et les ordonnances sont les organes constitutionnels, mais son amour et les sentimens paternels dont son cœur est pénétré, c'est alors que pour leur donner une manifestation plus universelle, il employe le langage solennel d'une Proclamation.

Cet usage serait-il contraire à nos institutions nouvelles? Non sans doute, puisqu'une Proclamation est le langage direct du souverain, du chef de l'État au peuple qu'il gouverne. Or, y a-t-il rien de plus

---

* Voir, à la fin, le texte de la Proclamation.

naturel que ce qui établit entre le gouvernant et les gouvernés des rapports directs, que ce qui peut même quelquefois être d'une indispensable nécessité.

Si l'on me dit que la Proclamation ne peut être considérée comme un usage, puisque ce mode de communication est presque sans exemple, j'en tirerai cette conclusion importante, qu'il n'en doit être que plus efficace et plus respecté. Ces premiers principes étant posés, je ne viendrai pas discuter si dans la circonstance présente il y avait lieu de recourir à une Proclamation; ce droit de la royauté me paraît tellement incontestable, que ce serait, selon moi, outrager l'autorité royale que de le contester, alors même qu'on pourrait mettre en doute son opportunité.

D'ailleurs je doute moi-même si peu de son opportunité, dans la circonstance présente, que je voudrais trouver des adversaires pour établir une discussion sur ce point, et je n'en vois pas un seul.

En effet, quelque frénésie démagogique que la Proclamation ait causé aux libéraux *, aucun n'a osé soutenir qu'elle fût contraire aux intérêts de la royauté, et c'est précisément parce qu'elle devait les servir, qu'ils y croyaient voir la ruine de leur propre cause. Leurs attaques contre la Proclamation royale n'ont donc été que dans leur intérêt personnel.

Pour se donner avant tout la facilité de l'avilir, ils ont établi que par le contre-seing d'un Ministre elle rentrait dans le domaine de la discussion, comme les actes ordinaires du Gouvernement.

Ils ont voulu alors que malgré son caractère tout royal, la responsabilité ministérielle dont elle portait le sceau, fût suffisante pour la livrer à toutes les insultes, à toutes les récriminations libérales. Mais cette doctrine ne vaudrait la peine d'être réfutée qu'autant que la Proclamation serait réellement une simple ordonnance, c'est-à-dire un acte d'administration. En effet, dans les actes de ce genre, la volonté royale n'est pour ainsi dire que

* Voir le *Courrier*, le *Constitutionnel* et le *Journal des Débats*, des 15, 16 et 17; le *Globe* et le *National*, des 17 et 22 juin 1830.

présumée; elle ne s'offre au public que comme l'œuvre du ministère et sous le cachet de sa garantie personnelle. En est-il de même d'une Proclamation qui n'est que l'ouvrage du sentiment?

Et parce que le Roi accorde sa confiance à son Ministre, lui confie-t-il aussi tout son amour pour son peuple? se dépouille-t-il de ses affections personnelles à tel point, qu'il ne se soit pas même réservé la faculté de les lui exprimer lui-même? La Proclamation est donc l'œuvre direct du Roi; et le contre-seing ministériel qui y figure n'a d'autre but que de donner à la signature royale un caractère infaillible d'authenticité. Telles sont les vérités combattues, de la part des libéraux, par tous les sophismes que peut suggérer la mauvaise foi.

Ainsi, selon le *Courrier* : *C'était une prétention insoutenable que de vouloir soustraire la Proclamation à la responsabilité ministérielle;* comme si cette responsabilité des Ministres, qui est une garantie pour la nation, était un prétexte suffisant pour ôter au Roi, quant à lui-même, toutes celles qu'il est en droit d'exiger contre la licence de la presse ou la perfidie de ses interprétations.

On a donc reconnu, ajoute le même journal, qu'on aurait le droit de *discuter* la Proclamation.

Qu'entend le *Courrier* par *discuter?* Veut-il dire que la Proclamation est hors des droits constitutionnels du Roi? Mais ce serait alors le contre-seing lui-même qu'il faudrait accuser d'inconstitutionnalité; ou bien le *Courrier* entend-il que le contre-seing ajouté à la Proclamation autorise à la diffamer et à la flétrir?

En bonne conscience, il devait paraître inutile aux journaux libéraux d'acquérir un droit que les égards les plus sacrés dus à la royauté ne les ont jamais empêchés d'usurper contre elle.

Cette considération même laissera sans regrets et sans repentir les auteurs ou les partisans du contre-seing; car sous certains rapports, il peut paraître donner à la Proclamation un caractère plus régulier, et dans aucun cas son absence n'aurait pu la garantir des fureurs du libéralisme. La royauté d'ailleurs avait été blessée dans l'exercice de sa prérogative, relativement au maintien de ses conseillers ; parlant à son peuple de cette offense, elle n'a pas voulu se séparer alors de ceux qui l'avaient partagée. Puis donc que le Roi, en associant dans une même Proclamation sa signature au contre-seing de ses Ministres, paraissait prendre plus directement encore leur cause sous sa protection, n'était-ce pas une raison bien puissante de respecter un si auguste patronage ? Mais cette pensée n'a été que trop étrangère à l'esprit du *Courrier;* car, pour lui, le prétexte de discuter la Proclamation, c'était le besoin de la diffamer.

Quant au *Journal des Débats*, il exprime son opinion sur la légalité de cet acte, avec une apparence de franchise qui mérite quelque attention.

Voici ses paroles : *Nous l'avions dit, et nous étions sûrs qu'au moment décisif l'usage constant, la loi du régime représentatif, qui ne veut pas qu'il y ait d'actes sans responsabilité, l'emporteraient.*

Ne parlons pas des conséquences funestes et erronées que le *Journal des Débats* a su tirer de l'éloge donné au ministère dans le peu de mots que nous venons de citer; ne prenons cet éloge que dans le sens qu'il présente d'abord : on y fait l'aveu que le ministère, au moment de décider la Proclamation, n'avait pas hésité à se prononcer en faveur de nos institutions, tandis que les journaux et les signataires de l'adresse l'avaient accusé d'avance de ne conspirer en toutes choses que le renversement de la Charte et des libertés publiques. Cette contradiction est sans doute bien choquante; il semble que le ministère, en donnant aux journaux libéraux, pour combattre une mesure toute royale, le prétexte du contre-seing, se soit plu à leur ouvrir ainsi une carrière où leur audace n'a trouvé que confusion.

Ce n'est pas cependant que nous n'ayions à déplorer le scandale de leurs attaques; autant j'eusse désiré que la faculté en eût été rendue impossible à la presse libérale, autant je mettrai de zèle à venger la Proclamation des reproches et des injures de la révolution. Elle a été outragée d'abord par ceux-là même à qui elle était adressée comme à tout le reste des Français, à la seule fin d'exercer sur eux une salutaire influence. Mais si c'est parce qu'on prétend qu'elle était soumise à la critique, ou plutôt aux malédictions des journaux; si c'est de ce principe, dis-je, qu'on a pu légalement déduire les conséquences les plus subversives de la Proclamation elle-même, je n'hésite pas à prononcer que le principe est faux; je n'hésite pas à dire qu'une Proclamation royale, contre-signée ou non, doit demeurer à l'abri de toute atteinte populaire.

Un acte qui n'émane que d'un pouvoir ne peut concerner que lui seul; un acte qui ne rentre ni dans les propositions de loi, ni dans les travaux et les décisions d'administrations, ni dans aucune des discussions parlementaires; un acte créé pour être transmis au peuple, et lui arriver auguste et plein de majesté comme son auteur, doit-il être impunément et sans sauve-garde, livré à la haine des factieux, et flétri par leurs journaux?

Quand le Roi use à son tour de la liberté

de la presse pour annoncer à ses sujets qu'il veut pour ainsi dire conférer avec eux sans intermédiaire, et leur confier directement ses sentimens les plus généreux, est-ce au nom de cette même liberté qu'il sera entravé dans cet épanchement de ses affections, et que celles-ci pourront être méconnues et audacieusement avilies? Ainsi un roi de France est en tutelle; il ne peut plus maintenant parler à ses sujets; un père est irrévocablement séparé de ses enfans. Ainsi une Proclamation toute de paix, toute d'amour et de consolation pour le peuple, doit être un nouveau brandon de discorde; ce sera pour lui l'occasion d'une guerre parricide contre son roi; et tout cela parce qu'il aura plu à ce roi de confier l'accomplissement d'un acte de sa souveraineté à son premier ministre comme à son premier sujet.

Voilà pourtant dans quelle situation déplorable se sont placés les journaux, à l'égard de la Proclamation et en face de la royauté. Puisque l'abus ou la faiblesse de nos lois a pu conduire le libéralisme jusqu'à ce dernier excès, peut-on concevoir après cela qu'il demande sans cesse contre les ministres, ou plutôt contre la royauté, des lois encore plus restrictives? Il invoque à grands cris, contre les hommes du pouvoir, une loi de responsabilité. Mais de quelle puissance ne jouit-il donc pas déjà contre ces hommes, puisqu'il peut, à la faveur de leurs noms, et sous le couvert de leur responsabilité, insulter jusqu'à la majesté du Roi, violenter jusqu'à ses pensées, et livrer ses moindres paroles à la dérision et au mépris de la multitude?

Qu'un acte qui doit faire loi, qui contient des dispositions nouvelles pour le pays, qui concerne les finances, les intérêts publics, l'administration, qu'un pareil acte contre-signé par un ministre, rentre sous sa responsabilité, je le conçois, et alors je permets à la presse périodique les discussions les plus minutieuses, les déclamations les plus violentes.

Comme elle se croit, surtout en l'absence des pouvoirs réunis, le droit de défendre les gouvernés en déchirant les gouvernans, je consens qu'elle se livre à tous les écarts, et que tout ce qui est administratif soit aveuglément condamné : car, jusqu'à un certain point, on peut ne voir l'administration que dans ceux qui en sont spécialement chargés. Pour tout ce qui la concerne réellement, la cause de la royauté peut paraître séparée de celle des ministres.

Mais parce que l'un d'eux a apposé sa signature à une Proclamation royale, n'est-elle donc plus le langage du Roi? De quels intérêts administratifs ou légaux cet acte a-t-il donc disposé? d'aucun : son unique but était de resserrer les liens moraux qui doivent unir les sujets à leur Roi; et quel est le principe de ces liens? n'est-ce pas l'amour? Eh bien! peut-elle appartenir à d'autre qu'au Roi cette puissance du sentiment! Et quand il croit devoir en faire usage, qui osera la modifier? qui osera la partager avec lui?

La Proclamation, qui est pour le Roi l'organe de son cœur, ne doit sortir du domaine de la souveraineté que pour opérer sans obstacle le bien dont elle donnait l'espérance.

La Constitution se manifeste au peuple par des lois, la Proclamation peut apprendre à les aimer. Des princes chéris sont si éloquens par le langage du sentiment! Rien donc, quand le Roi y a recours, ne doit en gêner l'exercice, ni en affaiblir l'impression.

Roi constitutionnel par la Charte, il est absolu par l'amour. Cette grande prérogative, la Proclamation en était un acte. L'avoir dénaturée, vouloir l'avilir, c'est en France attaquer la royauté de front. Contredire, démentir le Roi, c'est l'accuser de trahison. Toute réfutation tend à lui prouver que ses paroles étaient un piége et ses promesses une séduction.

Si l'on me dit que le nom du Roi ne doit se mêler à rien de ce qui regarde le gouvernement de l'État, sa politique, et tout ce qui rentre dans le cercle des débats parlementaires; qu'ainsi la Proclamation faite à l'occasion des élections est un acte du gouvernement constitutionnel; qu'importe tout cela à la question. Quand même il serait vrai que la Proclamation eût été faite seulement en vue des élections, le Roi est libre d'adresser une allocution à ses sujets, en tel temps et à telle occasion qu'il lui plaît de choisir. Il lui est au-moins permis d'émettre des vœux, tandis que ses propres sujets vont exercer l'empire de leurs votes. Enfin ne pourrais-je pas établir que dans cette Proclamation rien ne prouve qu'elle ait été rédigée seulement en vue des élections; car elle n'est pas adressée uniquement aux électeurs; elle est adressée à tous les Français.

Dira-t-on : Puisqu'un ministre y figure, elle doit être réputée l'œuvre de ce ministre ou le fruit de ses conseils. Mais un conseil n'exclut pas, pour le Roi, le mérite de la pensée, ou même le devoir de sa participation. La Proclamation du Prince est l'œuvre d'un ministre! Comment le démontrerait-on? Charles X a-t-il donc prouvé jusqu'ici qu'il avait besoin d'un organe étranger pour parler le double langage de père et de roi?

Les trois pouvoirs sont séparés; la Chambre élective est dissoute; une autre se recompose. Pendant ce temps, à qui le Roi devra-t-il être comptable, je ne dis pas de ses actes, mais de ses moindres paroles? Aux journaux, me répondra-t-on! Si leur conduite à cet égard blesse la Charte, faite pour aider la royauté et non pour l'entraver et l'avilir, laquelle de ces choses, je le demande, devra plutôt céder, ou de la Charte immuable, ou des lois du moment qui favorisent une licence chaque jour plus intolérable? . . .

Mieux donc aurait valu qu'au détriment même de la liberté de la presse, la Proclamation eût été respectée; mais il faut le dire, les attaques dont elle a été l'objet sont contraires à l'esprit même de nos lois actuelles, et leur impuissance seule fait la force de ceux qui les enfreignent. . . . . .

Quoi! les libéraux nous diront qu'il suffit du contre-seing d'un ministre pour leur donner le droit de paralyser et de détruire tout l'effet d'une Proclamation royale, ce qu'ils ont naïvement appelé *la discuter?* Mais c'était aussi une proclamation que la Charte et son préambule, avant que Louis XVIII les eût envoyées aux Chambres; et parce que sa signature était contre-signée par celle d'un ministre, on ne s'est pas permis de livrer à l'animadversion publique ce pacte fondamental. Il n'était pas non plus dans l'esprit de la Charte et dans l'intention de son auteur de paralyser, pour le Roi lui-même, l'exercice du droit en vertu duquel il l'avait donnée. La Proclamation n'est donc que l'exercice d'un droit sacré.

La Charte elle-même qui, par son article 14, attribue au Roi le pouvoir de faire des règlemens et ordonnances nécessaires à la sûreté de l'État, lui reconnaît, à plus forte raison, celui de recourir aux moyens préparatoires, aux moyens qui peuvent épargner à un bon Roi des rigueurs que lui commanderait, dans des jours de troubles, le salut de la monarchie; et rien ne peut plus qu'une Proclamation ramener une nation qui s'égare ou ranimer cette confiance qui fait sa première force. C'est le général qui s'élance au milieu des fuyards, leur parle et les ramène au combat. Les libéraux applaudiraient-ils aux soldats qui, dans un pareil moment, chercheraient à faire perdre au chef la confiance qui donne la victoire. C'est pourtant ce qu'ils ont fait eux-mêmes, et la Proclamation royale de 1830, qu'ils devaient entourer de respects et fortifier par la confiance, ils l'ont outragée, ils l'ont livrée à toutes les insultes de la presse périodique.

Cependant, me répondra-t-on, plus est grande l'importance politique d'une proclamation, plus son emploi mérite attention et surveillance. Or, il peut arriver que le Roi, dans l'exercice de ce droit, soit soumis à la contrainte d'un ministre. Cela n'autoriserait pas la publicité de vos injurieux commentaires, puisqu'il est démontré que la Proclamation est une prérogative toute royale. Si cette prétendue tyrannie des Ministres sur le Roi plaît au Roi lui-même, il est le maître de la souffrir; car il n'a qu'un moyen constitutionnel de la faire cesser, c'est de changer à son gré les conseillers de la couronne.

Mais, dira-t-on encore, ces conseillers peuvent surprendre une proclamation à la bonne foi du monarque, et comme en extorquer pour ainsi dire frauduleusement la signature. Peu vous importe encore; les Ministres, dans l'usage qu'ils font des attributions exclusives de la royauté, ne sont comptables de leur conduite qu'à cette royauté elle-même, et toute loi de responsabilité ne peut et ne pourra jamais leur prescrire de limites que dans l'exercice des actes d'administration, que dans le maniement des intérêts particuliers à la nation. La Proclamation doit donc rester étrangère à la responsabilité ministérielle, puisqu'elle reçoit le jour dans le sanctuaire le plus sacré de la prérogative royale. Or, ce qu'on ne peut empêcher, ni changer, ni improuver, sans sortir de l'ordre constitutionnel, on ne doit pouvoir, à plus forte raison, ni le combattre, ni l'avilir.

Si le Ministre a apposé son nom au bas de l'acte qui reproduit les paroles du Roi à son peuple, c'est simplement comme s'il disait : Je certifie que le Roi a dit et écrit ces paroles, afin de s'en déclarer garant et responsable vis-à-vis de quiconque en contesterait l'authenticité. Mais la Proclamation n'en est pas moins en dehors de toute responsabilité; ce principe n'offre rien de dangereux. Que peut-il y avoir, en effet, de plus libre, de plus inoffensif de la part du souverain et en-même-temps de plus consolant pour ses sujets, que de leur transmettre à-la-fois par son Ministre, des promesses royales et des encouragemens paternels ?

Or la Proclamation de 1830 n'était rien autre chose que le langage conciliateur du Monarque français; et dans quel moment, ennemis du Roi, ennemis du peuple, avez-vous osé en accuser tous les termes? Vous aviez prétendu que votre Roi n'était environné que de Ministres prévaricateurs ou indignes, et que le pays devait abhorrer comme des traitres prêts à étouffer ses libertés, son bonheur et sa gloire. Avec ce texte d'accusations et des développemens sans cesse croissans en calomnie, en audace et en passions de tout genre, vous étiez bientôt parvenus à accréditer, dans un certain public, vos reproches ou vos haineuses déclamations; pour fruit de vos efforts, une Chambre presque toute entière avait tellement partagé vos vues et l'exagération de vos sentimens, qu'elle n'a pas craint de donner pour motifs d'une adresse insultante, d'un refus de concours, la composition et la *pensée* du ministère.

Or le Roi, placé entre ce ministère calomnié par une Chambre dissoute et la nation si fortement agitée par un esprit de vertige, a voulu faire entendre les conseils de la sagesse et les accens de la vérité. Mais bien loin de voir dans la Proclamation une médiation auguste, destinée à-la-fois à rassurer les amis de l'ordre et à intimider les factieux, ce sont ces derniers qui, ne respectant pas même ce qu'ils devraient craindre, ont présenté la démarche royale comme un nouveau complot ministériel.

Ainsi, par eux et leurs funestes déclamations, le remède, loin de bien disposer la plaie, n'a fait que la rouvrir davantage. Ainsi tant que durera leur effroyable licence, point d'espoir pour le salut de l'État, puisque pour celui-là même qui est chargé d'y veiller, les mesures les plus urgentes peuvent devenir dangereuses, en ce sens qu'elles sont de nouveaux motifs de haine, de nouveaux chefs d'accusation. Or tel a été à-la-fois contre le Roi et le ministère, le résultat de la Proclamation, parce que les journaux libéraux ont voulu s'en emparer et la soumettre au joug de leur examen, aux tortures de leur éternelle critique.

Mais voyons plus particulièrement comment ils ont abusé de cette doctrine. D'abord, selon le *Globe*, le ministère a d'autant plus de tort de s'être servi de la Proclamation pour accuser la dernière Chambre, qu'il aurait dû dissoudre cette Chambre dès le 8 août ; le *Globe* reconnaît donc que le ministère devait se méfier d'elle; et alors, après cet aveu, quelle infamie n'y avait-il pas de sa part à soutenir une adresse qui consistait toute entiére à faire aux ministres un crime capital de cette défiance?

Mais le *Globe* venant à juger la Proclamation en elle-même, tire cette conclusion, *qu'elle est le résultat d'une guerre déloyale contre la Chambre dissoute;* et c'est une accusation de déloyauté qui s'adresse impunément à un acte où se mêle le nom de Charles X! La Proclamation, dites-vous, est une guerre déloyale, parce qu'elle accuse une Chambre dissoute! Mais de quoi l'accuse-t-elle? précisément de s'être fait dissoudre pour avoir *refusé* son concours au Gouvernement du Roi! Cette dissolution porte donc ainsi son juste motif avec elle.

Si l'accusation que contient la Proclamation est fondée, où est donc la déloyauté? Mais au contraire, où était la loyauté de la Chambre, quand elle a calomnieusement soupçonné les ministres du Roi; quand elle a porté contre eux une accusation sans preuve; quand elle a voulu les faire renvoyer sans motifs? Partisans de l'Adresse, étudiez donc mieux vous-mêmes à l'avenir les règles de l'honneur et de la générosité, et craignez de blasphêmer encore, si jamais vous accusiez un acte signé de notre Roi chevalier, de n'en point porter les caractères.

A son tour le *Courrier*, dont toute la logique semble échouer contre la Proclamation, en est réduit à prétendre qu'elle met le Roi en contradiction avec lui-même.

En effet, dit-il, le Roi, en répondant à l'Adresse, avait dit : *Mon cœur s'afflige* de ce refus de concours ; et dans la Proclamation il a dit : *J'en ai été offensé.* Mais l'affliction n'est-elle donc pas pour un père le premier résultat de l'offense? et un Roi qui s'afflige pour son peuple avant de s'offenser pour lui-même, n'est-il pas le meilleur des souverains? Quelle contradiction y a-t-il donc entre deux sentimens pénibles que le Roi a successivement éprouvés par suite d'un même événement.

Les paroles d'un roi doivent toujours être en harmonie avec les mesures qu'il prend, et quand il se déclare offensé, c'est qu'il doit en-même-temps en recevoir la satisfaction : or la prorogation n'en était pas une suffisante ; cependant c'était alors la seule qu'il eût encore exigée. Le Roi, même en répondant à l'Adresse, répondait moins à la majorité qu'à la députation de la Chambre, dont la plupart des membres pouvaient être étrangers au vote de cet acte.

Dans ces premières circonstances, le Roi, en dissimulant son indignation, faisait mieux ressortir sa douleur. Mais quand la dissolution a été prononcée, et que les auteurs de l'offense avaient même paru s'en faire un mérite, le Roi, s'adressant à tous les Français, devait naturellement leur découvrir en entier la plaie de son cœur, et leur parler d'une offense que leur confiance et leur amour pouvaient seuls réparer. La distinction puérile du *Courrier* pour opposer le Roi à lui-même, prouve donc seulement jusqu'à quel point les libéraux se croyaient intéressés à combattre à tout prix la Proclamation et à détruire ses effets.

Le *Constitutionnel*, de son côté, la définit audacieusement *un acte ministériel signé par le Roi, ou bien l'exposé des motifs de l'ordonnance de nomination des présidens de collége*. Dans l'une comme dans l'autre de ces deux définitions, l'œuvre du Roi n'est plus, pour ainsi dire, que l'accessoire de celui de ses ministres. D'après la première surtout, il semble que dans sa Proclamation le Monarque n'ait été qu'un instrument passif, dont on a bien voulu se servir pour confectionner plus régulièrement un acte purement ministériel.

Mais la seconde définition semble plus insultante encore, parce que, loin de reconnaître au Roi le droit de faire entendre sans réserve à son peuple ses vœux, ses conseils et ses sentimens, elle resserre l'exercice de ce droit dans les limites étroites d'une ordonnance dont la Proclamation ne devra plus être regardée que comme l'auxiliaire.

Ainsi une ordonnance étant par elle-même un acte administratif, la Proclamation qui en expose les motifs devient également administrative. Retombant alors sous la responsabilité ministérielle, elle n'est plus l'acte du Roi, mais un œuvre étranger, qui au-moins ne lui appartiendra qu'indirectement, et ne sera plus qu'un monument de trahison et d'imposture de la part de ceux qui auraient osé lui donner le titre de Proclamation, et la signer en cette qualité.

C'est, a dit encore le *Constitutionnel, une harangue, une vague promesse des institutions promises au pays.* Ainsi la Proclamation du Roi de France..... un discours de tribune....., une simple harangue..... Tout cela n'est pas plus élevé dans l'esprit du *Constitutionnel.* Le moindre officier de l'armée et le moindre fonctionnaire public feront une harangue à leurs soldats ou à leurs administrés; et un Roi de France qui parle à ses sujets un langage que l'histoire recueille, n'est ni plus imposant, ni plus majestueux! Une harangue n'est souvent que la défense d'intérêts bornés; une Proclamation royale ne traite jamais que des intérêts de tout un peuple, et l'une n'aura pas plus d'autorité que l'autre! C'est le *Constitutionnel* qui le dit, et cependant il se pique d'avoir le talent d'organiser la société. Où sont donc pour cela ses idées d'ordre? Je le demanderai tout-à-l'heure avec plus d'avantage encore, où est sa justice, où est son impartialité?

Le Roi a dit positivement dans sa Proclamation : *Maintenir la Charte constitutionnelle et les institutions qu'elle a fondées, ça été et ce sera toujours le but de mes efforts.* Eh bien! c'est cette noble profession de foi que le *Constitutionnel* appelle une *vague promesse des institutions du pays.* Mais si le Roi n'y avait pas parlé de ces institutions, vous n'auriez pas manqué de dire que son silence était une preuve certaine de sa haine pour elles, ou tout au-moins de son indifférence.

Pourquoi donc, hommes injustes, quand le Roi a protesté si solennellement de son attachement à la Charte, et qu'il en a renouvelé le témoignage dans une Proclamation où rien ne l'y obligeait, puisque ce n'est pas lui qui avait manqué à ses sermens; pourquoi, dis-je, venez-vous opposer à toute la franchise de son âme, la perfidie de vos doutes, et à la sincérité de ses promesses, ce vague insultant que vous osez leur attribuer?

Nous avons contesté dès le commencement de ce chapitre, aux journaux libéraux, le droit de censurer la Proclamation du Roi. Nous savions, en effet, ce que leur principe avait de dangereux, et de quels abus il serait suivi. Le *Constitutionnel*, par exemple, après avoir fait de la Proclamation un œuvre purement ministériel, reconnaissant ensuite, par une hypothèse contraire, que le Roi en est le principal auteur, ose l'accuser d'être *l'organe complaisant de déserteurs, de rédacteurs de notes secrettes, de chefs de la milice ultramontaine.*

A ces odieuses dénominations, il est vrai, on reconnaît sans peine les ministres du Roi; mais la malveillance qui les leur a gratuitement prêtées, est portée à son dernier excès, quand elle ose ainsi en étendre le sens jusqu'au Roi, et le rendre l'instrument bénévole des vices qu'elle prétend flétrir dans ses ministres...

Mais passons au *National.* « *C'est la* » *plus oiseuse des questions*, a-t-il dit, *que* » *de savoir si la volonté du Roi est ou non* » *dans la Proclamation. Le Roi*, dit en- » suite ce journal, *n'est aujourd'hui le* » *juge de personne : le droit de juger, de* » *condamner, entendu métaphoriquement,* » *tout être pensant en jouit ici-bas, et il* » *juge ceux qui le jugent* ».

Ainsi, d'abord il résulte de la première partie de cette citation, que le Roi, en adressant une Proclamation aux Français, ne pouvait avoir recours à une chose plus oiseuse. Si en effet elle n'exprime aucune volonté; si, considérée comme simple exhortation, elle ne repose sur aucun objet certain, elle est véritablement *oiseuse.*

Mais le Roi, par son droit de dissolution de la Chambre élective, est le juge naturel de son ensemble. Au moment même où elle se recompose, n'a-t-il pas, je le demande, le pouvoir d'exprimer à cet égard une volonté qui, loin d'enfreindre les lois, ne fait que les rappeler et les raffermir.

Or, ce n'est pas une chose *oiseuse* pour les électeurs, et même pour les futurs députés, que de bien connaître et apprécier la ferme détermination du Souverain, de ne maintenir auprès de lui qu'une Chambre paisible, consciencieuse, et alors seulement légale. Je le pense si peu, et j'attribue à la Proclamation un effet si essentiel, que si la Chambre nouvelle est dans le cas d'une seconde dissolution, je crois que c'est moins le Roi que la raison publique et la majorité des Français qui, d'accord avec la Proclamation royale, prononceront cette seconde dissolution..

Quant à ce pitoyable dédain avec lequel le *National* ne craint pas d'avancer *que le Roi ne juge personne*, peut-il exciter autre chose que la dérision et l'indignation publique? La dérision, parce que, dans le sens même de la loi, c'est le Roi qui juge tous les Français. En effet, d'après l'art. 57 de la Charte, toute justice émane du Roi; et cette justice s'administre en son nom, par des juges qu'il nomme et qu'il institue.

C'est donc le Roi lui-même que ces juges représentent sur leur siége, et, ne tenant leur droit que de lui, ce n'est qu'en vertu d'une véritable représentation qu'ils l'exercent. Or, comme la représentation ne donne que les droits de celui qu'on représente, il s'ensuit que réellement, *et sans métaphore*, nous pouvons donner au *National* le démenti le plus formel, en lui apprenant que c'est le Roi lui-même qui distribue la justice en France, au moyen des cours et des tribunaux.

Ce principe est si vrai, que l'art. 67 en découle comme par nécessité. Cet article établit que le Roi a le droit de faire grâce et celui de commuer les peines : mais ce droit résulte évidemment de celui que le Roi avait primitivement de les appliquer lui-même; s'il a dû s'en démettre en faveur des décisions de ceux à qui il accorde sa confiance, il devait, d'un autre côté, s'en réserver toute la souveraineté, et c'est ce qu'a réalisé l'article 67. C'est donc le Roi qui est le juge suprême : voilà l'éducation du *National* achevée sous ce rapport.

Mais de quelle indignation ne nous pénètre-t-il pas, lorsqu'après avoir commis la lourde erreur de comparer le Roi au moindre de ses sujets, il y ajoute cette réflexion monstrueuse : *que tout être pensant juge ceux qui le jugent* : cette pensée n'est-elle pas une source des plus sinistres interprétations? De quelque manière que le *National* l'explique et prétende justifier l'application qu'il en voulait faire, il en résultera toujours que le Roi, après avoir jugé par sa Proclamation la Chambre, les électeurs, ses sujets en un mot, pourrait bien aussi, à son tour, se trouver exposé à subir leur jugement.

Si ce jugement devait être celui de la

conscience des gens de bien, Charles X l'invoque sans crainte, et il y soumet sa conduite depuis qu'il est sur le trône. Si c'est le jugement inique des factions dont vous prétendez le menacer, vous avez raison de dire qu'il ne doit juger personne, car vous avez trop d'intérêt ici à contester au frère de Louis XVI le droit dont il usera toujours, de juger les conspirateurs, de détourner loin de lui une révolution qui faisait plus que de ne juger personne, puisqu'elle jugeait les rois mêmes, et les traînait jusque sur les plus sanglans échafauts.

Qui se douterait, après toutes ces attaques des journaux libéraux contre la Proclamation, que l'un d'eux oserait y faire une réponse au nom de tous les Français, et l'insérer dans ses colonnes, en l'adressant directement au Roi. C'est cependant ce qu'a fait le *Constitutionnel*, organe menteur de quelques milliers d'abonnés dont il a capté l'opinion, et qu'il cherche chaque jour à corrompre davantage; c'est un pareil journal qui prétend être l'organe de toute la France.

En cela, le croira-t-on, il accomplissait un grand devoir; car il y avait, disait-il, une sorte de lâcheté dans la Proclamation, *à parler à ceux qui ne pouvaient pas répondre.* Mais si les libéraux ont déjà accusé le Roi d'avoir voulu, par ce moyen, influencer les élections, c'est une chose au-moins bien *oiseuse* de leur part d'élever cette nouvelle difficulté ; en effet, le Roi s'adressait-il aux électeurs pour captiver leurs votes, les votes seuls devaient lui répondre. Peu importe; à quelque prix que ce fût, il fallait bien que le *Constitutionnel* remplît ses colonnes; et certes, si les Français, en répondant d'avance, lui avaient ôté cette précieuse ressource, je pense qu'il leur en aurait su très-peu de gré.

Quoi qu'il en soit, cette réponse tranche d'une manière assez singulière les grandes difficultés qui semblent aujourd'hui embarrasser tous les rouages du Gouvernement.

L'Adresse a été incontestablement dirigée contre la prérogative royale. Ce point n'est douteux pour personne; du-moins c'est là pour le libéralisme ce qu'il appelle encore une question. Mais *les Français* qui ont répondu à la Proclamation du Roi par l'organe du *Constitutionnel*, indiquent au Monarque un très-bon moyen de résoudre cette question : c'est tout simplement d'abandonner ses prérogatives ; et pour l'exhorter à prendre ce parti, ou plutôt pour le rendre séduisant, voilà comment s'expriment les auteurs de la réponse.

« Sire,

» Les prérogatives royales se sont ac-
» crues et fortifiées pendant quinze années
» d'ajournement pour les libertés publi-
» ques, qui sollicitaient enfin l'accomplis-
» sement graduel de cette partie des pro-
» messes de la Charte ».

Comme si la Charte n'était qu'une promesse des libertés publiques, et non *leur acte constitutif* : ce qui prouve bien que c'est toujours hors de la Charte que les libéraux veulent aller les conquérir ; comme si ces libertés ne consistaient pas suffisamment dans une bonne et équitable administration, dans le vote légal et constitutionnel de l'impôt.

Car il est aussi dans les libertés royales de ne pas proposer sans cesse à la nation des lois nouvelles : ce n'est pas, en effet, le caprice de ceux qui les font, mais l'intérêt de ceux qui ont à les subir qui doit en démontrer la nécessité. Quand cette nécessité n'existe pas, il est toujours dangereux d'en provoquer le prétexte.

Toute l'attention du Roi doit donc se porter vers la prérogative attaquée aujourd'hui de toute part, et non vers un développement de libertés imaginaires, désavouées par nos libertés constitutionnelles, telles que la Restauration les a invariablement établies.

Le *Constitutionnel* n'a pas mis moins d'assurance dans ses bravades contre la royauté, que de confiance dans les forces du libéralisme. Aussi affirme-t-il *que la France se reconnaîtra dans la ferme résolution de renvoyer une majorité constitutionnelle*, c'est-à-dire libérale. Tout-à-l'heure je disais que cette fameuse *réponse des Français* pouvait tout au plus représenter l'opinion de quelques milliers d'abonnés des journaux libéraux ; mais à ce dernier trait, qui dévoile trop les signataires de l'Adresse, on reconnaît le cachet de leur dévorante ambition, et l'on n'hésite plus à prononcer que la *réponse* est leur ouvrage.

Enfin, venons-en à des difficultés plus sérieuses et plus capables de faire ressortir le mérite de la Proclamation. Le *Journal des Débats* va pour son compte nous les indiquer.

« *Les accusations du ministère contre la* » *dernière Chambre*, a-t-il dit, *c'est là le* » *point capital de la Proclamation. Nous ne* » *la suivrons point pied à pied* ».

Pour lui porter le coup le plus terrible, que se proposait donc le *Journal des Débats?* C'était de justifier l'Adresse flétrie de nouveau par la Proclamation. Mais après avoir senti que l'Adresse ne pouvait pas tenir en présence de la Charte, quelle est la nouvelle méthode de défense que va employer le *Journal des Débats?* C'est sur un fait qu'il imagine de l'établir. « Ce » fait, dit-il, c'est que toute l'Adresse se » borne à déclarer au Roi que la confiance » des Chambres et de la nation dans les » Ministres du Roi n'existe pas ». Or voici l'argumentation concise qu'il tire de ce fait.

« Tout le crime de la Chambre se borne
» donc à avoir révélé au Roi un fait et les
» conséquences de ce fait. La Chambre s'est
» elle trompée sur ce fait? Erreur n'est pas
» un crime. Ne s'est-elle pas trompée? Elle
» disait donc la vérité au Roi. »

Je répondrai au *Journal des Débats*, qu'en principe et en pareille circonstance, l'erreur volontaire est un crime. Or *le fait* de la méfiance des Chambres et de la nation contre les Ministres avait été consigné volontairement dans l'Adresse.

Ainsi sous ce rapport, ou l'Adresse en impose, et alors elle est une calomnie inexcusable portée au pied du trône à-la-fois contre les ministres, en interprétant indignement jusqu'à leurs intentions, et contre la nation elle-même, en dénaturant ses sentimens envers eux; ou bien l'Adresse disait vrai, et la Chambre est alors d'autant plus coupable d'y avoir eu recours, que la *méfiance* pouvant être démontrée au Roi, on avait pour cette démonstration le moyen constitutionnel des majorités par le vote des lois.

On n'aurait pas de cette manière blessé dans ses prévisions les plus sacrées, la Charte, qui a voulu avant tout rendre la Majesté royale inaccessible aux déclarations illégales d'assemblées factieuses. Mais il y a plus, et je dis que d'après la Charte, le raisonnement du *Journal des Débats* est ce qu'il y a de plus fort contre l'Adresse.

En effet, le journal fait consister son raisonnement en faveur de l'Adresse dans la discussion de la vérité ou de la fausseté de son principe, c'est-à-dire le fait de méfiance; et il ne s'aperçoit pas que c'est ce principe lui-même, établi dans l'Adresse, qui en fait tout le tort; car par lui, elle devient une véritable déclaration, dirigée par une assemblée délibérante contre les Ministres du Roi. Or ce genre de déclaration, le coryphée du parti libéral, M. Benjamin-Constant, l'a dit, doit être à jamais banni, parce qu'il n'est que l'instrument d'une Chambre rebelle.

Mais acceptant néanmoins le dilemme du *Journal des Débats*, je veux moi aussi lui en opposer un autre qui dominera la question et la mettra sous son véritable jour.

Ou il est permis de déclarer les Ministres indignes de la confiance publique, et alors l'Adresse qui contient une pareille accusation, en lui donnant ainsi force de loi, si elle est fausse, doit être qualifiée d'atroce calomnie, et non excusée comme *erreur innocente ;* ou bien la déclaration n'est pas permise, et ainsi, il suffit de cette déclaration, vraie ou non, pour que l'Adresse qui la contient doive être légalement condamnée sans retour.

Voilà des principes fixes et invariables; ils excluent toute incertitude, toute hésitation. Jusqu'à quel point le *Journal des Débats* ne s'est-il donc pas abusé, lorsqu'il ajoute à ses réflexions sur la Proclamation cette phrase encore plus ridicule que sentimentale : « *Le Roi, pieux et sage, n'hésitera pas à reconnaître qu'il a pu se tromper* ».

Nous en avons dit assez pour prouver que le Roi était dans le vrai, et qu'il saurait y rester; mais si le *Journal des Débats* hésitait encore lui-même à condamner son opinion sur cette matière, je lui demanderais comment il a pu faire consister son triomphe dans un raisonnement en deux hypothèses, dont l'une, on l'a vu, était impossible ou bien inique, et l'autre inconstitutionnelle. Mais, il est temps de le dire, tous les efforts des journaux sur la grande question de l'Adresse, ont dû bientôt céder à la vérité qui les accablait de tout son poids; et ce qui en est la preuve bien frappante, c'est leur changement de tactique pour la défendre.

Ils ont préféré en effet l'abandonner, pour attaquer la dissolution, et tous, en conséquence de ce nouveau système, ont allégué qu'on accuse injustement l'Adresse d'avoir entravé la marche du Gouvernement. Par elle, disent-ils, la majorité de la Chambre ne se refusait pas au vote des lois : les députés se déclaraient contre les Ministres, mais non contre leurs actes.

Insigne mauvaise foi! retour lâche et perfide à une doctrine qu'on avait hautement désavouée, et à laquelle on ne revient qu'en s'y voyant forcé par une impérieuse nécessité! Ce n'est pas que j'admette moi aussi qu'avec l'Adresse et sans dissolution préalable, on pouvait passer outre à la discussion des lois. Mais il est bon de constater l'aveu du libéralisme, *qu'il n'entendait pas forcer au renvoi immédiat des Ministres*, aveu si contraire à ses premières déclarations; car quel avait été d'abord le cri universel du libéralisme? *Oui, il faut que le ministère soit renversé; oui, si l'on ne peut l'obtenir, il faut faire qu'à l'instant la Chambre soit dissoute!...*

Mais pour revenir au nouveau sujet de discussion établi en faveur de l'Adresse, moins que tout autre dans la lutte il est de nature à faire espérer quelque avantage à ses défenseurs. L'Adresse de la Chambre ayant été présentée au Roi, le Roi pouvait-il alors laisser continuer les travaux de la session? Non, sans doute; car sa dignité avait été compromise. Un corps de l'État tout entier avait manqué au respect dû à ses prérogatives.

Ses prérogatives et sa dignité méconnues demandaient donc satisfaction, et cette satisfaction ne pouvait être entière que dans la dissolution de la Chambre; car j'admets, par supposition, qu'elle n'eût pas eu lieu, le Roi se serait exposé à ce que la Chambre fît, pour l'obtenir, d'autres tentatives de violence semblables à celle dont elle avait déjà donné l'exemple. Le Roi ne pouvait donc pas laisser un seul instant dans une alternative douteuse et pénible, l'exercice de son autorité suprême. Faite pour renverser tout ce qui s'oppose à elle, cette autorité devait briser une Chambre qui avait osé en restreindre l'étendue constitutionnelle. Gravement compromise, elle devait, par un exemple sévère, se mettre à l'abri de nouvelles atteintes.

Voilà comment, au premier coup-d'œil, et d'après le simple bon sens, la dissolution se justifie, et comment s'en démontrait l'indispensable nécessité. Qu'on dise ensuite que ce simple langage de la raison peut être démenti par des argumentations ; je prétends que non, et je dis à mon tour que la vérité est ici trop palpable en faveur de la prérogative royale, pour que la meilleure logique ne vienne pas coopérer à sa défense.

On dit que l'Adresse n'emportait point avec elle la dissolution de la Chambre ou du ministère, et que les députés étaient disposés, malgré qu'ils l'eussent votée; à passer outre à la discussion des lois. Mais pourquoi a-t-on changé d'une manière si frappante d'interprétation et de défense? car ce ne peut être là que le prétexte caché d'une inique perfidie. . . . .

D'abord le libéralisme avait expliqué sa conduite d'une manière qui, à travers la faute elle-même, laissait apercevoir quelques traces de loyauté. Convaincue, disait-on, que sa majorité réelle était contraire au ministère et à tous ses actes, la Chambre avait voulu en prévenir le Roi. Il est vrai qu'on accuse cette Chambre de l'avoir fait trop tôt et par un mode illégal, et d'avoir en cela manqué à ses premiers devoirs; mais enfin elle avait cru que c'en était un autre bien pressant pour les députés du peuple de prévenir le Monarque de l'opposition qui s'armait déjà contre son ministère. Tout concours devant donc être nécessairement refusé, plutôt que de tromper ainsi face à face la justice, les lois et la raison, on avait mieux aimé provoquer sur-le-champ une dissolution : ne paraissait-elle pas d'ailleurs déjà inévitable, puisque le ministère et la majorité de la Chambre étaient incompatibles ?

Cette explication, tout en prouvant que la passion était le guide de cette majorité hostile, lui attribuait au-moins ce qui est dans la nature des vices du cœur humain. Mais par quelle nouvelle combinaison a-t-on abandonné un système marqué par le caractère franc et décidé de la révolte, pour en prendre un autre, qui n'est plus seulement la justification d'un principe coupable, mais l'alliance monstrueuse du principe et de ce qui le détruit ?

En établissant ainsi que malgré l'Adresse la session pouvait continuer, on allie l'offense faite au Roi et son inutilité, puisqu'alors l'Adresse n'aurait eu aucun résultat nécessaire; on allie l'acte qui dénonce au Roi et à la France entière la pensée même des ministres, avec la disposition toute contraire de discuter et de juger des actes condamnés d'avance. C'est allier encore le refus le plus positif de participer même à ce que l'intention des premiers agens du Roi pouvait avoir de plus caché, avec la possibilité d'accueillir ce qui devait la manifester toute entière ; c'est allier enfin une déclaration formelle tendant à rompre tous rapports entre ses auteurs et ceux qui en étaient l'objet, avec une réserve inexplicable, inaperçue, qui devait en dénaturer au besoin tout le sens, et en paralyser tout l'effet.

Mais quelle est donc la pensée du libéralisme? Veut-il, aux yeux du peuple, rendre le Roi seul coupable de la dissolution, et responsable de toutes ses conséquences? Mais c'est alors une nouvelle atteinte portée à l'inviolabilité du Monarque, puisque sa Proclamation déclare que la dissolution a été pour lui le résultat d'une offense *personnelle*. Or qu'on y prenne garde : tout ce que le Roi s'attribue personnellement ne peut plus rentrer sous la responsabilité d'un contreseing ; et doit être scrupuleusement respecté.

Ou bien le libéralisme conviendrait-il

que l'Adresse étant une fois reçue, il aurait volontiers consenti à ce que la Chambre n'interrompît pas ses opérations parlementaires. Cette version, je la conçois mieux. L'Adresse, en effet, était un triomphe d'audace et d'usurpation. Le Roi, en ne la châtiant pas, aurait paru en respecter le principe. Que ne se serait pas alors promis de plus envahissant encore la majorité qui l'aurait impunément votée? Je conçois donc que dans ces circonstances le libéralisme ne désirât plus la dissolution de la Chambre autant qu'il l'avait désirée, même en 1829, époque où il l'appelait de tous ses vœux.

Ainsi l'improbation nouvelle que le libéralisme paraît avoir adoptée généralement contre la dissolution de la dernière Chambre, le met d'abord en contradiction évidente avec lui-même; ensuite c'est un dernier trait avec lequel il vient attaquer le Roi jusque dans le libre exercice de son droit de dissolution, droit jusqu'ici respecté, et qui doit l'être d'autant plus, que c'est le seul qui puisse sauver tous les autres.

Mais enfin, après avoir suivi un moment le libéralisme dans ses erreurs et dans les détours embarrassés de sa dialectique, voyons si l'on ne pourrait lui opposer un raisonnement insurmontable. Ramenons-le, malgré lui, aux vrais principes. C'est sous leur égide que nous voulons terminer le combat. Le *Journal des Débats*, ainsi que tous les journaux ses dignes assesseurs, posent en principe, que l'Adresse n'a point été la cause obligée de la dissolution. et que d'après ses termes mêmes, la majorité de la Chambre consentait à discuter les lois annoncées dans le discours de la couronne. En un mot, la Chambre ne refusait pas son concours.

Pour le prouver, le *Journal des Débats* et le *Constitutionnel* prétendent que l'Adresse s'était bornée à dire, tantôt que l'harmonie entre les pouvoirs était la première condition du Gouvernement représentatif; tantôt que le concours *était seulement nécessaire* : mais observez d'abord que toute la question est là. Ce n'est donc pas sans dessein que le *Journal des Débats* vient de substituer ainsi au mot *indispensable*, le mot *nécessaire*; c'est-à-dire à une expression de l'Adresse, une autre expression qui n'y est pas et qui la dénature. L'Adresse, en effet, a dit que le concours entre la Chambre et les Ministres était non-seulement nécessaire, mais qu'il *était indispensable*, et *que le concours n'existait pas.*

Que doit-on entendre, dans le langage constitutionnel, par ce mot *concours?* C'est la disposition commune aux ministres et à la Chambre de coopérer ensemble et avec un zèle égal aux actes du Gouvernement. Eh bien! c'est cette disposition, ce concours que la Chambre déclarait positivement ne pas exister. Or, un instrument *indispensable* ne peut pas être suppléé : quand il manque à l'artisan, l'artisan renonce à l'ouvrage projeté. De même si le concours est l'instrument *indispensable* pour le grand œuvre *des lois*, et que la Chambre déclare qu'elle en est dépourvue, elle reconnaît en-même-temps la nécessité où elle est d'abandonner l'entreprise pour laquelle elle était destinée.

Par l'Adresse de 1830, la Chambre s'est donc reconnue positivement dans une incapacité complète de passer outre à la discussion d'aucune loi, tant que les Ministres demeureraient chargés de la confiance du Roi; et je défie maintenant le libéralisme de pouvoir encore justifier à cet égard son indigne mauvaise foi.

Ainsi elles ne *tombent pas* si facilement que le disait le *Journal des Débats* les accusations contenues dans la Proclamation, et il en résulte au contraire évidemment que la dernière Chambre a causé sa propre dissolution. Après cela, peut-on lui faire un mérite de n'avoir pas refusé en propres termes dans l'Adresse de continuer sa session; car ce nouvel acte d'audace, la constituant en rebellion manifeste, l'aurait plutôt rendue passible du Code pénal que de la vindicte royale. Mais un pareil acte eût été par trop impolitique, et après lui, l'Adresse était, il faut en convenir, tout ce qu'on pouvait oser de plus coupable.

Est-ce qu'un Roi ne doit être comptable envers son peuple, que de l'obligation précaire de faire discuter quelques lois par des Chambres plus ou moins bien disposées? et ne cesserait-il pas même d'être Roi, s'il laissait détruire le lien moral qui l'unit à son peuple? Eh bien! c'est ce lien que l'Adresse avait attaqué; c'est ce lien que l'Adresse brisait même : le Roi a dû se hâter d'en empêcher la rupture.

La Proclamation exprime donc, à juste titre, l'immuable résolution où est le Roi de ne pas céder aux principes insidieux des ennemis du repos public. Une pareille résolution n'a rien que de grand; elle est toute royale, et l'on conçoit alors qu'elle ait excité la fureur du libéralisme.

Le *Journal des Débats* s'indigne surtout de ce que le Roi a proclamé une *immuable résolution*, qui n'est autre, dit-il, que la *résolution de ne pas changer son ministère*. Mais est-ce donc à un seul ministère, au ministère actuel, que le Roi a entendu appliquer exclusivement sa pensée ? Non sans doute; le Roi n'avait pas besoin même de faire d'inutiles protestations en faveur de ses Ministres : c'est à eux, quels qu'ils soient, à savoir, par une conduite irréprochable et dévouée, mériter leur conservation. Mais le Roi compromettrait tout autant sa dignité en se laissant maîtriser par une Chambre factieuse, qu'il enchaînerait son indépendance en promettant une éternelle confiance à ses Ministres. Non, il ne veut pas plus livrer son droit qu'en gêner l'exercice. L'*immuable résolution* qu'atteste la Proclamation ne fait pas foi d'autre chose.

Ce langage sied bien dans la bouche des hommes, dit enfin le *Journal des Débats*, avec une insultante ironie. Mais ce langage est celui de la Charte...... Eh quoi! il ne *sied pas bien dans la bouche des hommes*, et surtout dans celle des rois, de proclamer un éternel attachement aux principes, et une inviolable fermeté dans leur maintien. Depuis quand l'*immuable* vérité ne doit-elle plus trouver asile dans le cœur des princes et sortir de leur bouche? Un roi de France n'a-t-il pas dit que si elle était bannie de la terre, les rois lui devraient son dernier refuge.

Une *immuable résolution*, dites-vous, ne sied pas bien dans la bouche des hommes; mais n'étaient-ils pas des hommes ceux qui ont voté l'Adresse? Ne sont-ils pas des hommes ceux qui prétendent conduire la révolution. Les uns et les autres ne se prévalent-ils pas sans cesse eux-mêmes de leurs immuables résolutions. Elles, grâces à Dieu, n'obtiendront pas de triomphe, parce qu'elles n'ont pas la vérité pour guide. Le *Journal des Débats*, comme pour insulter à cette vérité, ose dire encore effrontément : « *La France a prouvé,* » *par l'Adresse, qu'elle savait attaquer le* » *ministère, tout en respectant, en chérissant le Roi* ».

Mais d'abord, ce journal a-t-il donc oublié toutes ces adresses que, depuis quarante ans, des ambitieux ont successivement proclamées au nom de la France, qui les a désavouées par ses larmes. Et celle de 1830 est encore si peu l'ouvrage de la France, que c'est à elle-même, à son peuple tout entier que le Roi en appelle aujourd'hui. De plus, attaquer un ministère, c'est le mettre à même de se défendre, et alors de se consolider, de s'honorer, s'il a raison. Mais vouloir le renverser sans même l'attaquer, c'est un véritable guet-apens; c'est un assassinat politique, qui ne peut faire que des victimes ou du-moins des ennemis, et jamais des adversaires.

Vous dites en second lieu que l'Adresse

elle-même est une preuve de respect et d'amour pour le Roi : il faut croire qu'à ses yeux ce prétendu témoignage n'était guère évident, puisque, dans sa Proclamation, il déclare aux signataires qu'il en est *affligé*, et même *offensé*.

Ainsi donc, ou la dernière Chambre a été d'une bonne foi bien singulière et bien maladroite dans le choix de ses expressions, en croyant donner, par l'Adresse, une preuve de respect et d'amour à son Roi, puisqu'il y voit tout le contraire; ou le prince a un genre d'ingratitude particulier, puisqu'il a méconnu cet amour et ce respect, jusque dans un acte qui ne tendait à rien moins cependant qu'à le dépouiller de sa principale prérogative.

Mais avouons-le, une si singulière bonne foi d'une part, une ingratitude si naturelle de l'autre, s'accordent ici trop bien ensemble, pour que tout bon Français ne doive pas y reconnaître d'un côté la faute, de l'autre le châtiment; et c'estlà ce que la Proclamation a loyalement manifesté. Pourquoi donc ensuite, au-lieu de faire oublier la faute par le repentir, a-t-on voulu l'aggraver encore par la mauvaise foi, en reprochant au Roi le châtiment qu'on n'avait que trop mérité? C'est là cependant le secret de toutes ces réponses insidieuses qu'on a dirigées contre la Proclamation; il est maintenant suffisamment dévoilé : rien ne peut plus nous déguiser ce qu'il a d'odieux et de funeste à la tranquillité publique.

CHAPITRE II.

DU DROIT DES ÉLECTEURS,

ET

ET L'ABUS QU'EN FAIT LE LIBÉRALISME.

La nature de notre Gouvernement constitutionnel et le texte de la Charte veulent que le peuple soit représenté dans les élémens du pouvoir. C'est dans ce seul but qu'a été instituée la Chambre élective, et qu'elle prend une part essentielle dans la confection des lois et dans la discussion des intérêts du pays. Mais cette grande prérogative est sujette à des abus dont la gravité peut nuire quelquefois à l'inviolable et utile suprématie de l'autorité royale. Cette autorité doit toujours être cependant à l'abri de toute atteinte. Aussi le Roi s'est-il réservé le droit de dissoudre à son gré la Chambre des députés.

Que sont néanmoins les députés en

général ? des hommes qui paient plus d'impôt que la plupart des électeurs, et jouissent d'une considération plus marquée ; car c'est avant tout par leurs talens, leurs vertus ou leur dévouement, qu'ils doivent mériter d'être appelés à la défense commune des intérêts de la patrie et de leurs départemens.

Cependant, quelque grande, quelque recommandable que soit la mission confiée aux députés, le Roi peut la leur retirer par son droit de dissolution ; et le Roi n'a pas cru devoir se réserver un droit pareil pour réprimer ou modifier à son gré le corps électoral.

Cette première réflexion suffit sans doute pour faire apprécier au juste le droit des électeurs, dans ce qu'il a même de plus étendu. Le législateur, en accordant aux propriétaires fonciers le droit d'élection, a cru par là même l'entourer de toutes les garanties possibles d'ordre et de stabilité. Rien, en effet, de mieux approprié au pays, de plus capable de contribuer à sa prospérité, que l'exercice du droit d'élection, quand c'est l'expérience, la raison et la probité qui en sont les mobiles. L'auguste auteur de la Charte n'a pas cru qu'il pût en être autrement, puisqu'il l'a rendu pour ainsi dire inamovible, comme la propriété qui le confère.

Mais quels pouvaient être l'esprit de la loi, ses vues et ses motifs? Les députés, en touchant au pouvoir, peuvent bien se mettre en contact avec la royauté; mais cela ne doit jamais arriver pour le corps électoral, qui ne touche point au pouvoir. Les électeurs, en nommant les députés, précisément pour être représentés dans le gouvernement suprême de l'État, ne peuvent donc y concourir eux-mêmes, ni en vouloir juger les actes. Ces électeurs n'émettent un vote que sur les personnes des députés. Quant à leurs actions politiques, c'est au Roi seul qu'il appartient de les juger.

Ainsi, de ces premiers principes se déduisent ces deux conséquences importantes : la première, que le corps électoral ne peut se mettre en opposition avec la royauté; la seconde, que les électeurs ne peuvent imposer aucune condition à leurs mandataires, et encore moins livrer leurs votes aux passions des parties. Avec ces garanties, Louis XVIII ne pouvait voir dans le corps électoral qu'un auxiliaire puissant pour opérer le bien du pays, et il devait alors l'asseoir sur des bases immuables.

Mais une faction dont le siége est au centre de la France et les ramifications partout, une faction étrangère aux avantages des petites localités comme aux grands intérêts politiques de la nation, une faction qui s'appelle le comité directeur, prétend exploiter uniquement le corps électoral, au détriment des intérêts sacrés du trône.

Ainsi, une Chambre a été dissoute par suite d'une Adresse qui outrageait la Charte et le Roi, et qui tendait à faire du choix des Ministres l'exercice d'un droit populaire : c'était là un de ces cas de haute politique qu'il appartenait au Souverain seul de juger. Il l'a fait; il a condamné. Eh bien! c'est contre ce jugement si légalement prononcé qu'on veut, à force de scandale, tourner le pouvoir électoral, et par des élections séditieuses, accroître le mal que des élections paisibles devaient réparer. On impose, on contracte publiquement l'obligation de renvoyer au Roi ceux qui l'ont *affligé*, ceux qui l'ont *offensé*.

On ose proclamer que les nouvelles élections doivent être faites, non plus dans un esprit purement constitutionnel, mais dans le but hostile et révolutionnaire de contraindre le Roi au renvoi de ses ministres.

Telle est la thèse sur laquelle la révolution a fondé et fonde tous ses succès. La discuter est donc un devoir pressant. Il est peut-être encore temps de la décider en faveur de la bonne cause. C'est du-moins pour la France une nécessité d'où semblent dépendre ses destinées.

La Chambre élective, après avoir discuté les actes des Ministres, peut j'en conviens leur refuser sa majorité; mais imposer à des électeurs un vote qui devra moins considérer la personne des députés que celle des ministres, c'est renverser l'ordre légal, c'est condamner sans entendre, c'est apprécier sans les connaître des actes qu'une enquête et un débat contradictoire peuvent seuls permettre de juger; et comme cette enquête, impossible à la Chambre élective, l'est encore plus à la masse des électeurs, c'est transformer ceux-ci en véritables ennemis du Roi, de la Charte et du pays : ennemis du Roi, parce que c'est combattre sa volonté royale jusque dans son sanctuaire, pour lui ravir ses droits les plus sacrés; ennemis de la Charte, parce que la Charte, dans sa lettre comme dans son esprit, veut que les électeurs ne votent qu'en vue de leurs propres mandataires, et non en vue ni en haine des hommes de la royauté; ennemis du pays, parce que les intérêts du pays ne trouvent leurs garanties que dans l'union de tous les pouvoirs, et qu'ils sont toujours compromis, menacés même d'une ruine certaine, quand on les abandonne aux caprices des passions, quand on en confie le soin et la défense à des agens d'intrigues, que la fraude et la violence ont obtenus au moyen d'élections perverties et séditieuses. ...

Ainsi, avoir opposé au Roi, en dépit de la Charte, une Adresse coupable, n'est pas le plus grand crime du libéralisme. Que peu reconnaissante des droits déjà si étendus qu'elle tient de la royauté, la Chambre élective ait voulu en usurper encore, cette funeste ambition peut au-moins se concevoir. On devoit espérer que la dissolution en châtiant ce crime en effacerait en-même-temps la mémoire.

Mais avec quelle audace le libéralisme ne cherche-t-il pas à renchérir sur ses derniers excès; ce ne sont plus des députés d'un esprit envahissant qui osent invoquer la juste application du principe constitutionnel en faveur de telle ou telle conséquence révolutionnaire; ce n'est plus seulement la provocation à une faute grave d'un pouvoir de l'État, mais réparable par la dissolution; c'est cette dissotion elle-même que le libéralisme veut paralyser dans tous ses effets. C'est la Charte qu'il fronde.

Après avoir engagé une Chambre dans une faute qui lui restera imprimée tant que Chambre elle reviendra, il veut non-seulement la relever avec ce caractère presque obligé de dissolution, mais encore faire partager à la majorité des électeurs le scandale de ses torts, dans le cas où ils consentiraient à sa réélection. Mais cette réélection, il est temps de le démontrer, étant demandée au nom des Ministres et contre eux, est dans notre ordre constitutionnel une monstruosité révoltante.

Les élections sont un vote libre, le vote est le langage de la conscience, la conscience est le mobile de nos jugemens; mais pour les rendre, elle doit auparavant être éclairée. Or, je le demande, si c'est la conscience des électeurs qui doit juger les Ministres du Roi, comment la Constitution ne les a-t-elle pas admis à participer à leurs actes ou à en connaître? Comment des députés qui n'ont pas voulu, par haine et par passion, se donner le temps de juger les Ministres, peuvent-ils attendre des électeurs l'accomplissement du devoir qu'ils ont eux-mêmes répudié par une coupable envie? Comment des milliers d'hommes, pour la plupart étrangers aux affaires générales du pays, mais aptes seulement à juger des intérêts de leurs localités spéciales, seraient-ils capables de porter plus haut des prétentions ambitieuses? Comment des Ministres du Roi, comptables envers la Chambre élective, le seraient-ils aussi envers tous ceux qui n'ont d'autres droits que de prendre part à son organisation.

Ce n'est pas tout: le Roi, créateur des deux pouvoirs qu'il s'est associés, n'a pu vouloir que la dissolution légale d'une Chambre de quatre cents députés livrât son autorité même à l'opposition capricieuse et sans frein de quatre-vingt mille électeurs; ce qui aurait dû arriver s'il avait donné aux uns et aux autres les mêmes attributions. Il n'a pas disposé que des Ministres, déjà en butte aux majorités des Chambres, pussent voir aussi se tourner contre eux les majorités des masses. Non, après avoir soustrait le droit de nommer et de maintenir ses Ministres au contrôle des mandataires, il ne l'a pas exposé au contrôle bien plus dangereux de leurs innombrables mandans? Non enfin, il n'a pas joint à ce que son pouvoir a de plus souverain, la participation de tous les électeurs de France?

Mais qu'on prenne garde : si l'on fait entendre aux électeurs que par leurs choix ils vont décider la question ministérielle, les conséquences les plus graves peuvent en être déduites ; d'abord étrangers eux-mêmes pour la plupart à ces haines et à ces fureurs politiques dont on veut les rendre les nouveaux instrumens, ils ne peuvent qu'adopter volontairement les desseins pervers du libéralisme, ou se laisser subjuguer par lui. Dans le premier cas, le corps électoral devient pour l'État un siége d'injustice, un foyer de troubles, un ferment de guerre civile; dans le second cas, victime de sa faiblesse et jouet d'une puissance qui le tyrannise, il perd sa liberté; et que peut faire de bien, je le demande, pour les libertés publiques, une majorité captive, et complice malgré elle de trahison envers le Roi et la Constitution.

Le Roi nomme ses Ministres, la France quatre cents députés; les uns reçoivent leur existence directement de la royauté, les autres du peuple; mais tous doivent leur conservation à un même et seul principe, qui est le Roi; car il est le chef suprême de l'État. Donc si les quatre cents députés ou leur majorité ont été créés en haine des sept Ministres, comme le droit de les conserver tous appartient également au Roi, je le demande, pour sauver ce droit, le Roi ne devrait-il pas annuler à l'instant ce qui aurait été fait en haine de son exercice?

Ainsi, tant qu'il plaît au Roi de garder tels ou tels Ministres, les électeurs ne peuvent nommer des députés qui les lui refusent, parce que ces électeurs auraient ainsi consenti par avance au refus qui doit leur être fait à eux-mêmes de leurs députés. Ceci prouve qu'en tout, l'initiative appartient au Roi.

La Constitution à laquelle s'est soumise le Roi veut aussi que le peuple commence par se soumettre à lui. Le président d'une cour est plus puissant qu'elle, puisqu'il la dirige; mais non pas plus que la justice et les lois, puisqu'il doit en être le premier interprète; de même le Roi de

France, à la tête de tous les pouvoirs, les domine de toute sa dignité, et les Ministres qui le représentent doivent partager cet attribut.

L'exercice du pouvoir royal, quant à ce qui le constitue, doit donc être sacré. Après cela seulement il faut parler des pouvoirs destinés à lui faire équilibre. L'équilibre ne s'établit pas en précipitant la balance ou en brisant le poids qu'elle contient, mais en lui en opposant un autre qui ne blesse ni les lois ni l'équité.

Prétendant ainsi faire équilibre au pouvoir du Roi de nommer ses Ministres, une Chambre a cruellement blessé les lois et l'équité, quand elle s'est flattée de pouvoir légalement faire émaner de l'urne une adresse, qui ressortait de notre constitution comme le poignard ressort du cœur qu'il a percé; quand cette Chambre a tenté de surprendre au Roi, au pays tout entier, un arrêt flétrissant, capital contre des hommes qu'elle condamnait sans les croire coupables.

Si la dernière Chambre avait eu la conviction de quelques crimes contre ceux qu'elle haïssait, certes elle n'aurait pas hésité à poursuivre leur procès, ou du-moins à faire entendre un acte d'accusation; ainsi rien de plus inconstitutionnel, rien de plus inique que l'Adresse. Est-ce là une question?

Avant la dissolution même, j'aurais répondu que non; car avec la Charte, il ne peut plus naître de ces questions vitales qui mettent les États sur le penchant de leur ruine; avec la Charte, l'Adresse de 1830 avait été jugée pour un acte suffisamment coupable, par le seul effet de rompre l'harmonie entre le peuple et le Roi. Une Constitution, en effet, n'a été octroyée qu'à la seule fin de maintenir le peuple dans une inviolable soumission à son Roi, en reconnaissance des grands privilèges qui lui sont accordés.

L'Adresse est un acte qui, en faisant sortir la Chambre de ses limites constitutionnelles, était par cela même frappé d'une nullité absolue, puisque ses auteurs, mandataires des Français selon la Charte, ne peuvent pas l'être évidemment contre elle.

L'Adresse est un acte qui, fondé sur un

principe d'usurpation, pouvait devenir surtout pernicieux au peuple lui-même, convaincu par expérience que l'usurpation du pouvoir faite en son nom ne tourne jamais à son avantage.

L'Adresse est un acte qui, prétendant à disposer des droits du Roi, remettait ainsi en question la loi contre sa propre essence, et le bienfait contre les premiers intérêts du bienfaiteur; un acte enfin tendant à obliger le Roi à renvoyer des Ministres qui n'étaient pas accusés, pas même prévenus d'aucun crime ni d'aucun délit, quand il pourrait, s'il le voulait, élever à cette dignité des hommes auxquels il aurait fait grâce.

Les auteurs de l'Adresse, hostiles contre la royauté, lorsqu'ils devaient nécessairement tenir à honneur de s'associer à elle, ont ainsi commis un double crime, qui devait à-la-fois les éloigner du Roi et du peuple : du Roi, parce que rien ne pouvait l'offenser plus fortement comme *Roi*, et l'affliger plus amèrement comme *père;* du peuple, parce que son mandat a été d'autant plus méconnu par ceux qui en étaient chargés, qu'ils l'ont sciemment détruit en voulant le rendre illimité, et que loin de s'occuper avec dévouement des intérêts généraux, ils les ont tous sacrifiés à une haine ou à des passions privées.

La dissolution devait donc être prononcée, c'est-à-dire que le Roi devait méconnaître comme organe de son peuple ceux-là qui, par leur tyrannie, menaçaient d'en devenir le fléau. Ce que le Monarque devait faire, il l'a accompli : il a cédé au sentiment qu'il éprouvait lui-même, et que partageaient tous les vrais Français; après avoir détourné avec horreur ses regards d'une majorité fière de sa souveraineté passagère, lui, plus fort de son immuable autorité, a pulvérisé cette Chambre en se contentant de la dissoudre. Après cela, il n'y a plus de question.

Ou la dissolution est un droit, et quand le Roi l'exerce il doit avoir un effet; ou le peuple méconnaissant ce droit peut impunément en éluder toutes les conséquences. Or c'est ce qui arriverait si les électeurs pouvaient élire leurs députés en vue d'obtenir le renversement de tels ou tels Ministres?

Ils est clair que pour arriver à ce but, ils rééliraient les mêmes députés que la royauté aurait déjà cru devoir repousser. Et ainsi la dissolution, loin de pouvoir offrir au Roi un remède à des maux qu'il lui appartient de juger et de guérir, ne deviendrait contre lui-même, dans les mains de ses ennemis, qu'une arme de plus.

Réélus sans cesse pour obtenir à tout prix un résultat inique et inconstitutionnel, ces députés factieux ne manqueraient pas d'ajouter chaque fois, à leur qualité renouvelée de mandataires du peuple, un degré de plus d'audace et d'exigence. Il est donc impossible d'admettre que les électeurs puissent entrer dans des vues particulières, au maintien ou au renversement de tels ou tels Ministres.

Si la prérogative du Roi lui appartient exclusivement, si les Chambres elles-mêmes ne peuvent y toucher, c'est que d'abord l'auteur de la Charte l'a voulu : mais ensuite qu'y avait-il de plus conforme à la sagesse, que de ne pas livrer aux passions humaines le choix ou la nomination des premiers agens de l'autorité royale? Si l'unité de volonté est jamais nécessaire, c'est bien assurément à cet égard. Ce serait au contraire ouvrir une source intarissable de divisions, de cabales, d'excès entre les partis et de malheurs en tout genre, que d'accorder, même indirectement au peuple, le pouvoir de contribuer à l'existence des Ministres du Roi.

S'il en était ainsi, il faudrait que la dissolution suivît immédiatement chaque nomination d'un nouveau ministère.

Une Chambre en effet est-elle nommée dans le but de renverser un ministère? Ou cela est illégal, et cette Chambre n'apporterait ainsi en naissant que les germes de sa propre destruction; ou cela est légal, et alors, comme il ne peut y avoir contradiction entre la loi et le Roi, le Roi commencerait, je le pense, par renvoyer ses Ministres.

Mais je dis en-même-temps que la dissolution de la Chambre deviendrait essentielle; car sa mission serait accomplie, les

Ministres étant renvoyés. Il fallait, pour obtenir ce renvoi, de l'hostilité, et beaucoup d'hostilité; aussi avait-on nommé les démagogues les plus furieux, les révolutionnaires les plus déterminés. On avait voulu maîtriser le Roi sur un point; on lui avait fait pour cela des démonstrations de guerre; et lui, sans combat, aurait donné la victoire. Mais la guerre serait finie; que faire de cette armée de furieux? On les avait pris pour renverser, et à-présent il ne resterait plus qu'à édifier. Il faudrait donc les licencier, et une seconde dissolution devrait être prononcée. Le Roi, sans Ministres, appellerait de nouvelles élections. Je dis sans Ministres, car ce serait du résultat de ces secondes élections que dépendrait forcément le choix des nouveaux Conseillers de la couronne. Alors, les besoins du pays à satisfaire, ses intérêts à défendre, ses relations extérieures à discuter, sa prospérité intérieure à accroître; tel serait nécessairement l'objet de la pensée des électeurs: le prétexte dont on les offusquait d'abord n'existerait plus; aucun autre motif ne saurait entraver leur devoir ni gêner leur conscience; alors seulement pourraient-ils nommer avec équité et indépendance une Chambre capable de devenir la représentation nationale. Mais pendant ce temps, et pour arriver à ce but, le Roi aurait été contraint d'abord à une dissolution forcée, à un acte qui répugne ainsi à sa liberté constitutionnelle, et se serait vu de plus obligé de suspendre son droit de maintenir les Ministres de son choix. Rien donc de plus ridicule et de plus inconstitutionnel que l'hypothèse où le corps électoral prétendrait, par la composition de telle ou telle Chambre, violenter la prérogative royale.

Mais j'ajoute que si le Roi pouvait, dans un seul cas, réaliser une pareille hypothèse; s'il admettait une fois que le peuple pût influer sur la composition de son conseil, ce serait lui en reconnaître positivement le droit; et alors, à chaque changement de ministère, pour interroger les caprices de son peuple, il devrait recourir à de nouvelles élections; partant il établirait lui-même en principe que la dissolution de la Chambre élective doit être la conséquence nécessaire de chaque changement de Ministres.

Telles sont les doctrines perfides et tyranniques qui se déduisent d'un principe faux dans son application, destructeur de l'ordre dans ses résultats.

Non, les électeurs ne doivent pas nommer les députés en vue de renverser des Ministres ; non, ils ne doivent pas épouser les haines individuelles d'une majorité égarée ; non, la nation n'est pas assez lâche pour partager une injuste méfiance ou une crainte inexplicable qu'on veut lui inspirer pour quelques serviteurs du Roi qui ont, au-dessus d'eux, toutes les lois du pays.

Non, les électeurs, uniquement aptes à participer à la formation d'un pouvoir, ne sauraient être exposés à détruire le pouvoir royal, le plus auguste de tous ; non, les gouvernés ne peuvent prétendre usurper contre les gouvernans une tyrannie dont la Charte a également affranchi les uns et les autres.

Mais d'ailleurs, de quel droit le libéralisme prétendrait-il rendre des Ministres quelconques odieux à toute une nation, parce qu'ils seraient haïs d'un poignée de factieux? Les trois pouvoirs créés par la Charte, lors même qu'ils se réunissent pour traiter ensemble du gouvernement de l'Etat, ne composent pas la nation entière : de même que le pilote d'un vaisseau et son équipage ne composent pas tout le vaisseau.

Il ne faut pas croire ainsi, par exemple, qu'après la Chambre élective le reste du peuple doive être compté pour rien; cette Chambre n'a de droit au contraire que par son caractère de représentation, et ce caractère, loin de conférer au corps qui en est revêtu une sorte d'absolutisme sur l'opinion de ceux qu'il représente, l'oblige au contraire à la bien étudier et à se conformer à elle en tout point; sans cela il la dénaturerait à son gré. Ce corps ne serait ainsi, pour la nation défigurée, qu'une affreuse calamité.

Aussi venons-nous de voir une Chambre despote essayer, au nom du peuple, de frapper de mort un ministère qui était la représentation du Roi, tandis que ce Roi lui-même mettait tout son bonheur à promettre concours, aide et protection au corps qui composait la représentation du peuple. Nous avons vu encore cette Chambre, après avoir subi par sa dissolution la peine due à ses égaremens, s'en glorifier et y trouver des droits à sa réélection.

Les signataires de l'Adresse, dit-on, ont bien mérité de la patrie, en protestant contre les Ministres du Roi; et parce qu'ils l'ont fait, tous les électeurs de France doivent, en les renommant, se faire honneur d'imiter leur conduite. Mais on vient de l'entendre, une Chambre n'est qu'une petite partie d'un tout qu'elle représente; une majorité ne doit que reproduire l'opinion du peuple. Or, est-ce le peuple qui est contraire à son Roi et ennemi de ses prérogatives? Non sans doute; car l'assurance du contraire est le seul espoir de la patrie.

Quoique le pouvoir royal doive s'adjoindre celui des Chambres, il est toujours lui-même le premier et l'inamovible représentant de la France. Elle, à son tour, objet continuel des pensées et des bienfaits de son prince, doit aussi la première juger de ses intentions; et l'opinion erronée d'un corps frappé de dissolution ne saurait les lui faire soupçonner? Le Roi et la France sont immuables et ne peuvent pas changer. La Charte en a décidé autrement pour la Chambre élective. Il y a des devoirs que cette Chambre est tenue d'accomplir; et le Roi jouit constitutionnellement du pouvoir de l'y contraindre en ordonnant sa déchéance, quand elle a manqué à son mandat.

Mais quand le Roi use de cette mesure, est-ce pour la France une calamité, une offense? Non; c'est au contraire une confirmation de la puissance immuable qu'il veut partager avec elle, c'est un appel à sa sagesse et à son amour. On avait attenté au maintien des Ministres : mais ce sont les Ministres du Roi; et ce Roi est le Roi de France. Que la France décide, en exerçant aussi une sorte de souveraineté par son droit d'élection, si celle du Roi peut être compromise dans ce qu'elle a de plus sacré.

Qu'on ne vienne pas établir ici la théorie que les Ministres du Roi doivent être avant tout les Ministres des Chambres.

Les Chambres, comprises seulement dans le gouvernement de l'État pour le vote des lois, peuvent constitutionnellement, il est vrai, accorder ou refuser leur majorité à tel ou tel ministère. Mais les Ministres représentant presqu'entièrement le Roi, ce n'est pas seulement envers les Chambres qu'ils sont comptables de leurs actes; car le gouvernement entier du pays à diriger, les ordonnances à faire, le commandement de l'armée, les relations extérieures, les nominations à tous les emplois, enfin trente-deux millions de sujets à conduire; tout cela ne reste-t-il pas dans le domaine exclusif de la royauté? quatre cents députés, et même quatre-vingt mille électeurs, ne sauraient prétendre à contrebalancer ce pouvoir, qui d'ailleurs leur est étranger.

Or, ils en disposeraient directement, si directement ils influaient sur la composition du ministère du Roi.

Dans ces circonstances et après l'exposition de ces principes, quel est, je le demande, le devoir des électeurs? Ce doit être de nommer des hommes intègres, éclairés, dévoués, et ce n'est pas évidemment de renvoyer les députés qui ont voté l'Adresse, ou d'autres qui partageraient leurs doctrines ; car la dissolution alors n'ayant plus aucun effet, ce serait de la part des électeurs anéantir l'action du pouvoir royal.

Mais les députés qui ont refusé le concours ont ainsi annoncé à la France entière qu'ils refusaient de s'unir au gouvernement du Roi, tant que le Roi conserverait ses Ministres ; ils n'ignoraient pas cependant que si ce refus audacieux n'était pas accueilli avec faiblesse, il serait puni par la dissolution. Il n'y avait pas de milieu : ceux qui s'en sont rendus coupables avaient donc abdiqué par là même le titre et les fonctions de députés. Serait-il de la loyauté, de la dignité française que le pays leur rendît un mandat qu'ils ont volontairement répudié, et leur imposât une seconde fois l'obligation d'un serment auquel ils ont déjà manqué?

Car en jurant fidélité à la Charte, n'avaient-ils pas juré de respecter le pouvoir qu'elle donne au Roi de nommer et de conserver ses Ministres? C'est en protestant contre ce droit constitutionnel, qu'ils ont voulu terminer leur dernière mission. Or, après une protestation si solennelle d'un côté, et le Roi d'un autre côté maintenant son droit dans toute son étendue, les mêmes hommes, dans les mêmes circonstances, pourraient-ils consentir à donner à l'Europe entière le double scandale d'une première abdication déjà si insultante pour le pays, et d'une réélection qui porterait contre sa durée les mêmes chances ou plutôt la même certitude?

Que les libéraux disent tant qu'ils voudront que nos craintes sont des chimères, que la Charte rend toute révolution impossible. N'en est-ce pas déjà une assez grande que l'évènement de la dernière Adresse? Les résultats n'en sont-ils pas assez funestes? La Charte n'est-elle pas déjà assez compromise? Il faut donc bien se garder de l'exposer à de nouveaux déchiremens, et de la livrer aux mains des mêmes coupables qui, cette fois, exerceraient d'autant plus de fureur, que leurs premières fautes envers le Roi ne leur auraient mérité de la part du corps électoral que félicitations et récompenses.

CHAPITRE III.

DES CIRCULAIRES ET PRÉTENTIONS DES SIGNATAIRES DE L'ADRESSE.

Les signataires de l'Adresse, protégés par la révolution dont ils s'étaient trop bien montrés les partisans, ont déjà obtenu des succès que désavouent les vrais Français. Pour y contribuer eux-mêmes, ils ont couvert le pays de leurs circulaires. Je ne parlerai au lecteur que de celle qui a été adressée par M. *Eusèbe Salverte*, à tous les électeurs du troisième arrondissement de Paris, pour réclamer leurs suffrages. On y remarque surtout ce passage frappant : « Aujourd'hui qu'une faction affiche au- » dacieusement ses projets, il importe aux » citoyens d'accomplir une grande mis- » sion. Heureux les hommes qui en feront » partie, qui sauront, par leur indépen- » dance et leur énergie, sauver la patrie ». Puis il supplie les électeurs, il les conjure de le renommer député. Mais quel est, en dernière analyse, le sens de cette circulaire comme de toutes celles qu'ont répandues les signataires de l'adresse. Nous avons mieux aimé, semblent-ils dire, nous faire déshériter de nos fonctions de députés, que de voir déshériter le peuple lui-même de ses libertés, déjà menacées par un ministère indigne de notre concours.

Mais avez-vous eu à les défendre ces libertés? Non ; vous n'avez pas même osé l'entreprendre. Pourquoi donc, transfuges de vos rangs, venez vous offrir au peuple ainsi abusé un courage que vous n'avez pas.

Ce courage consistait-il à provoquer votre dissolution! mais qu'avait-elle de dangereux pour vous? était-ce de vous paralyser et de vous rendre inutiles au bien de votre pays? Ce n'était là précisément qu'une véritable lâcheté. Etait-ce parce que quelque disgrâce auprès du Roi ou de vos concitoyens en devait être la suite? Auprès du Roi! hélas! Dieu veuille que vous fissiez quelques cas de ses faveurs! Alors peut-être respecteriez-vous mieux ses droits auprès de vos concitoyens ; mais loin d'avoir craint d'encourir leur disgrâce, vous faites votre apologie avec scandale, et vous trouvez surtout dans le vote de l'Adresse les motifs des éloges que votre étonnante modestie croit pouvoir se donner.

Cependant où est le mérite de ce vote ? je n'en découvre aucun. Où en est la fin ? je n'en peux voir aucune. Par l'adresse, pensez-vous avoir tout fait pour délivrer le pays de Ministres coupables et abhorrés ? Mais non ; ce moyen évidemment ne devait pas avoir un pareil résultat. Par l'Adresse, vous pouviez prévoir seulement la dissolution, et ce résultat ne délivrait le pays que de vous.

Si c'était réellement en faveur du pays que vous étiez disposés à combattre le ministère, pourquoi ne pas l'attendre plus généreusement sur le terrain, afin qu'il s'y lavât de l'offense que vous lui faisiez, ou qu'il succombât sous votre majorité. Un pareil combat n'aurait pas été bien dangereux ; mais au-moins, en l'acceptant, vous auriez paru vouloir lutter avec honneur dans une sorte de duel parlementaire. Vos adversaires auraient été vaincus, je le veux; mais enfin puisqu'ils voulaient se défendre, pouviez-vous les en empêcher? et ainsi le combat aurait eu pour témoins et pour juges le Roi, les lois, et le pays.

Mais non; vous avez éludé tout ce qu'exigeaient l'honneur et la justice. Vous avez voulu vider la querelle avant même qu'elle fût commencée, et c'est dans un comité secret, qu'à l'insçu pour ainsi dire de la France, quand il s'agissait de ses plus grands intérêts, vous vous êtes hâtés d'en finir avec vos adversaires.

Quoi! vous prétendriez avoir voté l'adresse comme le meilleur moyen de renverser le ministère, et par ce coup hardi avoir bien mérité de la patrie? A qui donc croyez-vous en imposer? Je viens de dire que l'adresse s'était discutée suivant l'usage en comité secret. Mais cet usage même n'était-il pas plus éloquent que tous les discours, pour vous dissuader du prétendu miracle que selon vous l'Adresse devait opérer.

L'adresse en effet étant une réponse directe au discours du Roi, sa discussion et sa rédaction doivent être quelque chose de si respectueux, qu'on n'a pas même voulu qu'elles fussent publiques. C'est comme dans un sanctuaire impénétrable, qu'il faut en élaborer les idées et jusqu'aux moindres expressions.

Quelle a donc été la surprise du public, quand la rédaction définitive de l'adresse est venue le convaincre cette année, que sa discussion n'avait dû être qu'une sorte de procès fait à la royauté, et, pour cette fois, du-moins heureusement débattue à huis-clos?

C'est donc en frondant l'esprit de nos usages parlementaires et de nos lois, qu'on a prétendu dès l'abord de la session porter un coup de mort aux Ministres du Roi. Mais cette attaque frappait au-dessus d'eux et atteignait le Roi lui-même. Oui, l'adresse ne subsistera et ne peut subsister dans notre histoire constitutionnelle que comme le monument d'un attentat sans exemple à l'autorité royale, et M. Eusèbe Salverte soutiendra-t-il qu'ôter à cette autorité première son lien le plus fort, ce lien de confiance qui lui rattache, en les enchaînant entre elles, toutes les parties de la société, ce soit rendre au pays un service que sa reconnaissance doive récompenser?

Mais d'après M. Eusèbe Salverte, les libéraux ne sont pas les seuls qui conspirent contre l'État. A l'en croire même, il existerait une *faction* dont on doit redouter et combattre les projets audacieusement affichés.

Voilà donc les royalistes suffisamment désignés pour être aussi les ennemis de la constitution. Mais à côté de ces prétendus projets qui condamnent les royalistes, quels sont les actes positifs qui recommandent M. Eusèbe Salverte, et ceux qui, comme lui, ont voté l'adresse?

Cette adresse, les libéraux eux-mêmes ont dû la maudire, s'il leur est démontré que loin d'avoir opéré le renversement des Ministres, elle n'a pu que les consolider davantage; car elle a fait de leur maintien la nécessité de la prérogative royale.

Non, les signataires de l'Adresse ne

peuvent au nom de cet acte rien invoquer qui intéresse en leur faveur; ce n'ést pas non plus dans ce moment la générosité de leur caractère ou le désintéressement de leurs démarches, puisque, artisans infatigables d'intrigues les plus basses, ils ne négligent rien pour conquérir leur réélection; ils s'humilient enfin jusqu'à supplier qu'on leur rende ce que l'enthousiasme et l'entraînement public devaient, disait-on, les contraindre en quelque sorte d'accepter de nouveau.

Ajoutez à cela que cette réélection n'aura d'autre résultat que de les replacer dans la position où ils se trouvaient déjà avant l'adresse; et cependant, pour cela, ils n'en auront pas moins occasionné, par leur faute, à tous les électeurs de France, les soins nombreux et les embarras qu'entraînent toujours après elles des élections générales.

Quant au peuple, quels éminens services lui ont rendus les signataires de l'Adresse? Est-ce, par cet acte, d'avoir augmenté le pouvoir populaire? Mais non; le peuple sait qu'une assemblée ambitieuse et rebelle peut en venir à le tyranniser lui-même : la Révolution lui en offre encore la preuve dans les pages les plus sanglantes de son histoire.

La Chambre élective d'ailleurs représente moins le peuple que quatre-vingt mille électeurs. Elle est donc plutôt la représentation de la propriété et de la richesse, et si le peuple n'a jamais désiré, dans les sommités qui l'environnent, une trop grande autorité, il doit encore moins applaudir à leur usurpation. Or, l'Adresse était une usurpation tentée contre le Roi, protecteur-né du peuple, sa véritable force, son inséparable et perpétuel représentant.

Le corps qui élit, comme le corps élu, dominent ainsi également le peuple : c'est lui, comme le plus faible, qui doit donc surtout redouter de les voir franchir les limites constitutionnelles, et se jeter dans la voie des usurpations.

Que toute Chambre hostile à la royauté cesse donc désormais de justifier ses projets d'envahissement en s'appelant le pouvoir du peuple, puisqu'elle n'est qu'un pouvoir composé de membres élus par des hommes pris parmi le peuple et non choisis par lui. La Chambre élective étant d'ailleurs dans sa véritable nature, le pouvoir de la propriété, si le peuple y trouve ses garanties, la royauté doit y trouver aussi les siennes, parce que rien n'est ami des droits qui conservent, ennemi de l'usurpation qui renverse, comme la propriété ou ce qui la représente.

Les signataires de l'adresse, en portant atteinte aux prérogatives du trône, ont donc dénaturé le pouvoir dont ils faisaient partie; ils ont diminué les garanties de l'ordre social au-lieu d'en agrandir le cercle.

Mais le peuple était-il menacé de quelque danger réel, et ses députés, en votant l'Adresse, ont-ils voulu l'en préserver? Tant que nous aurons un Roi sur le trône, la Charte interdira à d'autre qu'à lui le droit de pourvoir aux dangers du peuple ou de l'État; car le danger qui menace l'État ou le peuple compromet leur sûreté, et d'après l'art. 14, le Roi *fait les ordonnances pour la sûreté de l'État.*

Mais les libertés du peuple, dira-t-on,

étaient menacées par le ministère, et ces libertés sont spécialement sous la surveillance des députés. Les libertés du peuple, hors l'interprétation positive de nos lois, ne sont qu'un mot vide de sens. Le peuple ne reçoit ses libertés que de la Charte, qui constitue dans les mêmes franchises tous les Français. Les libertés du peuple ne sont donc que les libertés publiques; et ces libertés étant un des principes constitutifs de l'État, leur sûreté rentre donc, comme celle de l'État lui-même, dans les attributions et sous la surveillance exclusive de la royauté.

D'après l'Adresse, au contraire, ce seraient les libertés publiques ou ceux qui s'en disent les interprètes qui devraient tenir la royauté elle-même en surveillance. Ainsi, l'Adresse déclarait que les libertés publiques étaient mises en danger, par le résultat d'une ordonnance, ou par la composition du ministère du 8 août, tandis que d'après l'article 14 et d'après tous les principes de la Charte, une ordonnance seule pourrait les sauver, si elles étaient réellement en péril.

Vous deviez, dites-vous, pour le salut du peuple, protester contre le ministère du 8 août. De grâce, en quoi ce ministère du 8 août importait-il au peuple plus que tout autre ministère ?

Dans quoi, en effet, avez-vous osé faire consister tout le danger de la chose publique? Dans la présence au pouvoir de quelques hommes qui n'ont de contact avec elle, que par l'exécution des lois ou des ordres du Roi lui-même. Ce double devoir, cependant, chaque Français n'y est-il pas soumis en proportion de son état?

Vous avez refusé votre concours au Roi à l'occasion de ses Ministres. Vous les haïssez, je le veux; mais ce refus, vous prétendiez le faire au nom du peuple, au nom de vos mandans. Or, votre haine était-elle dans leur mandat ? Presque tous vivent loin des hommes du pouvoir; ils ne peuvent vouloir les juger que par les choses. Qu'importe en effet un nom, une histoire et des souvenirs que la plupart ignorent?

Et d'ailleurs, le libéralisme n'a-t-il pas établi mainte fois lui-même en principe et dans ses intérêts, qu'on devait professer une indifférence absolue pour les noms et les personnes? Bien faible serait une constitution qui, aux prises avec quelques ennemis, ne trouverait pas en elle-même les moyens d'en triompher. Or, sans doute, telle n'est pas la Charte, d'après le libéralisme. N'a-t-il pas été même jusqu'à dire qu'elle était *le fruit de la Révolution*, pour exprimer combien il la croyait pleine de vie, de force et de moyens de résistance.

D'après l'Adresse néanmoins cette Charte était dans un péril extrême. Qui pouvait l'y jeter ainsi? Rien; car ce n'était que des noms; des choses, il n'y en avait point encore : il est vrai qu'on pouvait toutes les supposer dans une arrière-pensée supposée elle-même aux Ministres. Et c'est devant un pareil fantôme qu'a dû échouer le vaisseau de l'État!

Non, nous ne voulons pas, ont dit les votans de l'Adresse, traiter avec les Ministres du Roi des affaires de notre pays. Cependant, revêtus de la confiance de nos mandataires, nous n'oserions répudier de notre chef l'acte qui nous lie à eux; encore moins pouvons-nous annuler celui qui lie les Ministres au Roi. Cette situation, qui nous trace impérieusement nos devoirs, violons-la cependant, et donnons à notre patrie et au monde le spectacle d'hommes publics livrant les plus grands intérêts de la société aux caprices des passions privées, sous le prétexte menteur de faire disparaître un danger imaginaire et de combattre une pensée vague, incertaine, vue seulement dans l'avenir. Prouvons au peuple français que nous-mêmes, bien plus coupables, osons exécuter une autre pensée d'autant plus funeste, qu'elle sera marquée pour ainsi dire dès sa conception, par l'ébranlement du trône, des lois, et du pays tout entier.

Qu'y avait-il au contraire de dangereux dans la pensée qu'on attribuait aux Ministres? C'était une pensée de *défiance!* Mais si le proverbe dans les affaires privées a presque fait de la méfiance une sorte de devoir pour les hommes prudens, par un raisonnement analogue, ne pourrait-on pas établir aussi la nécessité d'une certaine défiance en politique. Une pensée de *dé-*

fiance, rien que cela : voilà donc quel était tout le crime du ministère.

Quelque futile que fût cette accusation, elle pouvait paraître imposante néanmoins par la majorité qui l'avait votée. Elle tendait à exciter dans le peuple de funestes préventions ; elle était donc entre les Ministres accusés et la France leur juge, un faux témoignage, une inspiration de la haine, un appel à la vengeance.

Si le premier vœu de l'auguste fondateur de la Charte, manifesté dans son article 4, a été de garantir à chacun de nous la liberté individuelle, ce même principe, je le demande, ne doit-il pas protéger surtout l'exercice des facultés morales, les plus nobles que possède l'homme; et serait-ce au nom de la liberté qu'il serait permis de les tyranniser par le simple soupçon ?

S'il est défendu d'arrêter ni de poursuivre personne, hors les cas prévus par la loi, en peut-il être un seul, à bien plus forte raison, ou la loi permette de poursuivre, d'arrêter une pensée, tant que pensée on la suppose; c'est-à-dire tant qu'elle n'a reçu rien d'humain, ni de la bouche ou de la plume qui en aurait dévoilé l'existence, ni d'un être quelconque qui en aurait pu donner l'indice ?

Du reste, ajoutera-t-on, ce qu'on reproche à l'Adresse avait été justement provoqué par les menaces et les reproches contenus dans le discours de la couronne. Mais est-il donc constitutionnel que la sollicitude des Rois de France ne doive plus trouver de langage sans que la rebellion fasse aussi entendre le sien ? Si cependant les paroles de Charles X et celles des signataires de l'Adresse devaient être pesées dans la même balance, la cause de la justice ne serait pas un instant douteuse.

Le Roi accusait, dans son discours, la *malveillance de propager de perfides insinuations, et d'employer de coupables manœuvres.* Mais ces accusations étaient réelles, positives; elles constituaient des faits authentiques de culpabilité pour le parti qui en était l'auteur. La Chambre élective au contraire n'alléguait, par l'Adresse, qu'une accusation vague, imaginaire, vindicative : ne pouvant nier la vérité des plaintes du Roi, ces plaintes étaient le plus grand tort des Ministres, et accusant uniquement pour cela leur *pensée*, cette accusation s'étendait ainsi jusqu'au Monarque lui-même.

Que l'Adresse donc ait été faite en représailles du discours royal, ou sous quelqu'autre rapport qu'on veuille l'envisager dans ses principes comme dans son motif, on n'y trouve rien qui puisse recommander ses auteurs, pas la moindre trace de courage, de générosité, de dévouement, d'habileté, et encore moins de prudence et d'équité.

Mais d'ailleurs quelles conséquences n'ont pas été la suite de cet acte audacieux, preuve manifeste d'irrévérence envers la Charte, et de mépris pour les lois? Le respect qui leur est dû s'est affaibli dans tout le royaume, aussitôt que l'Adresse y a été connue.

Est-il question surtout des lois qui concernent la liberté de la presse? Jamais elles n'ont été débordées par la licence autant qu'elles le sont depuis peu de mois?

Quant au maintien de l'ordre, à la sûreté et à la tranquillité du pays, jamais sous ces rapports divers la France n'a été plus compromise que depuis le moment où l'un des pouvoirs de l'État a donné lui-même le scandale du désordre par son divorce avec la royauté.

La tempête politique était à peine un peu calmée par la prorogation, premier acte de la vindicte royale, et par l'éloignement des mandataires factieux, que les doctrines libérales ont alors commencé leurs calamiteuses applications.

D'abord quelques monstres, suppôts de l'enfer, et invisibles comme lui, n'imprimant dans leurs courses mystérieuses que des pas d'où surgissent les flammes, ont ravagé quelque temps l'Ouest et le Nord de la France; et ils osent encore menacer d'autres contrées de leur dévorante invasion.

Il existe donc au milieu de nous des hommes féroces, qui ne peuvent trouver leur pâture qu'au milieu des incendies, comme le tigre et l'hyène la cherchent dans l'horreur du carnage! Ou bien est-ce qu'ils sont employés à préparer par ces excès de barbarie l'accomplissement de quelque grand crime politique? Sous prétexte de régénérer l'ordre social, veut-on réduire en cendres le sol français?

Toutefois, quels sont ces agens de tant de crimes? je ne le sais. Qu'espèrent-ils? je ne le comprends pas davantage; car si l'incendie souvent triomphe de ceux-là même qui veulent s'en rendre maîtres, encore moins épargnera-t-il long-temps ceux qui semblent l'irriter et le provoquer en tout lieu. Que ces hommes tremblent donc à leur tour; leur colonne de feu, surtout s'ils s'en font suivre comme d'un instrument d'anarchie, les dépassera quelque jour, et finira par les dévorer eux-mêmes.

Soit enfin que ces grands événemens doivent être attribués à la révolution, ou à une autre cause plus difficile à expliquer, toujours est-il que les signataires de l'Adresse, en faisant heurter le pouvoir populaire contre le pouvoir royal, ont fait jaillir de ce choc, dans notre ordre politique, une étincelle propre à allumer aussi des feux mille fois plus dangereux que tous les autres: la fureur des factions semble même fondre déjà sur notre pays.

A Lyon, c'est à l'occasion de quelques comédiens, qu'on vient presque de voir se renouveler les scènes de la terreur. A Angers, deux signataires de l'Adresse, qui venaient de se montrer sur un tout autre théâtre, oubliant pour quelles causes ils en avaient été exclus, ont voulu rentrer dans leur patrie sous les enseignes du libéralisme; ils ont voulu faire succéder à l'humiliation de leur défaite, l'orgueil d'un triomphe populaire. Mais on sait de quels accidens funestes auraient été suivies ces prétentions inouies, si les dépositaires de l'autorité royale n'avaient su courageusement en triompher.

Partout se manifestent des fermens de mécontentement et de trouble, dont la malveillance s'étudie à multiplier les causes et les témoignages; et, pour nous en convaincre, les lieux publics ne retentissent que d'indécentes explosions d'applaudissemens donnés, en présence des Princes eux-mêmes, à tout ce qui semble porter quelque atteinte à l'honneur des rois et des classes élevées de la société.

Jamais, non jamais les lois et l'ordre public n'ont subi plus de mépris et de violences que depuis le vote de l'Adresse !

Quant au commerce, jamais également il n'a été dans une plus grande stagnation. Les mouvemens des fonds publics, toujours en proportion de la force des gouvernemens et de la prospérité des États, ont subi des altérations inquiétantes par suite de l'Adresse. D'ailleurs, le libéralisme, enflé de ses nouveaux succès, se vante d'obtenir bientôt son triomphe ; et le crédit public, par ces menaces si souvent renouvelées, doit encore s'ébranler et se détériorer.

Reporterons-nous nos regards sur les provinces ! plusieurs d'entre elles, qui ne peuvent se maintenir et prospérer que par un commerce sans faveur, attendaient, dans la plus grande anxiété, des lois qui vinssent apporter un remède, et mettre un terme à leurs souffrances.

L'Adresse n'a fait que les augmenter, en y ajoutant le malaise politique, qui est le pire de tous les maux. Il est donc vrai que tous les résultats de cet acte ne peuvent et n'ont pu influer sur la prospérité du peuple ni de l'État. Mais poussons nos raisonnemens encore plus loin.

Dans le peuple ou dans l'État, comme on le voudra, il est un parti plus ou moins nombreux, qui s'appelle celui des libéraux. Ses adversaires sont les royalistes. J'appelle royalistes ceux qui veulent sincèrement le Roi et la Charte, et interprêtent toujours ce pacte fondamental en faveur de son principe, qui est le Roi, mais sans ôter au peuple rien de ce qu'elle lui accorde. J'entends par libéraux, ceux qui paraissent d'abord vouloir la Charte, pour s'en faire un prétexte de rendre nulle l'autorité royale, et qui voudraient ensuite supprimer entièrement cette autorité une fois paralysée, pour substituer à notre état actuel celui d'une nouvelle révolution.

Eh bien! par l'Adresse, ceux qui l'ont votée n'ont pas plus satisfait les libéraux, gens de leur parti, qu'ils ne pouvaient plaire aux royalistes eux-mêmes. Quel était en effet l'intérêt le plus cher aux libéraux? C'était d'ourdir en secret leurs complots sous le couvert de la Charte, et de leur préparer ainsi une exécution d'autant plus sûre, qu'il n'aurait été possible ni de la prévoir, ni de la prévenir.

L'Adresse, au contraire, en frondant directement la Constitution, a fait tomber le masque, et le libéralisme, quoique bien menaçant, n'en est pas moins en présence, aujourd'hui, d'adversaires redoutables et déterminés, qui sauront tromper son attente. Mais, de plus, ce masque étant une fois tombé, il ne se relevera jamais. Les libéraux ayant perdu pour mot de ralliement la Charte, qui depuis long-temps n'était que cela pour eux, devront bientôt désespérer de leur cause et de leur empire.

Voilà donc, en peu de mots, par quels éminens services les signataires de l'Adresse ont flatté l'ambition et favorisé les intérêts de leur parti. Que celui-ci s'en tienne pour averti dans ces circonstances importantes, afin qu'il achève en leur faveur le grand œuvre de sa reconnaissance.

Quant aux royalistes, les signataires de

l'Adresse n'ont jamais pensé sans doute avoir acquis par cet acte quelque faveur auprès d'eux. Car ne les désignent-ils pas sans cesse, et surtout dans leurs circulaires, comme les ennemis des libertés publiques? Mais de quoi donc vous-mêmes vous montrez-vous les amis? Est-ce de ces libertés? Mais le Roi et la Charte en sont les principes. Quant au Roi, vous semblez prendre plaisir à le détacher de ceux qui l'aiment, et de tout ce que le peuple français doit désirer et aimer. Quant à la Charte, elle vous paraît si peu apte à garantir les libertés publiques, que vous cherchez sans cesse autre part ce que vous appelez les garanties de l'ordre social. Elle fait tout reposer sur les choses qu'elle a établies ; vous les détruisez toutes par vos attaques contre leur principe commun, qui est le Roi.

En nous disant donc les ennemis et vous les amis des libertés publiques, par cette double imposture vous n'achevez de prouver qu'une chose ; savoir que c'est vous seuls qui les détruisez pièce à pièce ; car, qui est-ce qui nous sépare autant de vous?

c'est notre amour de l'ordre opposé à votre amour de la licence.

Or je vous le demande, peut-il exister de véritables libertés sans ordre, et fût-il jamais de révolution sans licence. D'après ces conséquences, choisissez entre les principes, vous le pouvez encore; mais, comme vous déclarez les vôtres immuables, et que vous vous faites forts de n'en changer jamais, consentez au-moins à ne pas fasciner les yeux du peuple; et satisfaits de vos machinations simultanées contre la sûreté du trône et les franchises de la nation, laissez la nation et le trône se prémunir en liberté contre vos menaces et contre vos tentatives.

Signataires de l'Adresse, puisque tout dépose contre votre amour prétendu des libertés publiques; puisque l'acte inconstitutionnel que vous avez voté prouve surtout que vous ne craignez pas de violer les mandats qui vous sont confiés en vertu de ces mêmes libertés; quels titres avez-vous à une juste et honorable réélection? mais quels grands intérêts vous offre donc cette réélection, pour en poursuivre le succès avec tant d'ardeur?

Serait-ce que, repentans de votre conduite dernière, vous éprouviez le besoin de vous rapprocher du trône, afin de racheter auprès de lui, par une heureuse conversion à l'honneur et à la fidélité, vos fautes passées? Serait-ce ainsi que, renvoyés près du Roi par un mandat nouveau, vous saisiriez cette occasion de vous rattacher à lui par un éternel dévouement?

Certes, si telles étaient vos dispositions, oui, votre réélection devrait être désirée, bénie par tous les cœurs généreux, comme un noble retour de votre part à la raison et au devoir; comme une occasion de clémence, une source de consolation pour le Roi, enfin comme une certitude de bonheur et un gage de sécurité pour le pays.

Mais non! loin de vouloir revenir sur votre conduite passée, vous promettez d'en renouveler le scandale sur la scène qui en a déjà été le théâtre. Vous comptez donc cette fois triompher sûrement de la royauté? mais prenez garde;

changez les. expressions de vos circulaires, où vous trompez indignement le peuple; car jusqu'à cette heure vous ne lui avez demandé que d'être renommés députés; or, pour triompher du Roi et supplanter son autorité, il vous faut être dictateurs.

Puisque c'est à détruire la liberté constitutionnelle du Monarque comme chef de l'Etat, que vous vous destinez, s'il succombe à vos attaques, reconnaissez aumoins avec nous qu'alors l'État ne saurait se passer de chef; et avouez franchement dès aujourd'hui, que c'est vous qui prétendez à le devenir.

Ainsi en résumé, les élections auront ou n'auront pas pour résultat de renouveler l'Adresse de 1830 dans son principe. Or dans le premier cas, les électeurs et les députés, déjà bien prévenus par la première dissolution, devront être d'autant moins étonnés d'une seconde, si elle est prononcée. qu'ils y auront pour ainsi dire tous consenti d'avance; les uns en conférant la députation aux signataires de l'Adresse; et ceux-ci en l'acceptant.

Mais quel intérêt le pays trouverait-il à se précipiter ainsi dans une nouvelle tourmente politique? ne doit-il pas balancer à provoquer à plaisir des mesures qu'accompagnent toujours de grandes secousses? La fermeté de Charles X est inébranlable : le Roi de trente-deux millions de Français a juré qu'il ne céderait jamais ses droits à une majorité factieuse de députés, soutenue même par une majorité d'électeurs égarés.

Électeurs français! puisqu'ayant à choisir entre des candidats royalistes constitutionnels et les signataires, vous avez ainsi à opter entre la révolution qui se présente et la Charte qui la repousse, que vos votes ne soient plus un moment douteux. La conduite de votre Roi est certaine, ses intentions sont immuables, il vous l'a dit. La conduite que tiendront les signataires réélus est également certaine, indubitable, et vous devez tous reculer d'épouvante devant ces conséquences nouvelles. Me direz-vous que cette assertion ne vous paraît pas assez rigoureuse, et que peut-être les votans de l'Adresse ne prendront pas une seconde fois le parti extrême que je leur suppose. Vous conviendrez avec moi tout au-moins que la chose est douteuse, et je vous demanderai à mon tour si c'est à une incertitude pénible et à un trop périlleux hasard que vous devez confier l'existence et l'avenir de la France.

CONCLUSION.

Il résulte de l'examen raisonné des doctrines et de la conduite du libéralisme, qu'il est loin d'agir dans l'intérêt des véritables libertés publiques. Ces libertés, selon lui, se rattachent à un avenir toujours incertain. Leur développement doit consister tout entier dans des innovations d'autant plus dangereuses, qu'elles n'offrent dans le présent ou le passé aucune garantie. Or, telle n'est pas la véritable nature des libertés publiques.

Les libertés anglaises elles-mêmes, que Burke a si bien définies, ne sont, en chaque chose, que le perfectionnement naturel et progressif des institutions transmises par les générations qui ont précédé, et religieusement recueillies par les générations suivantes. « C'est ainsi, ajoute cet » auteur, qu'en canonisant nos ancêtres, » et en agissant comme si nous étions sous » leurs yeux, l'esprit de liberté qui, de » lui-même, tend aux excès et à s'écarter » de la règle, est tempéré par une gravité » respectueuse ».

Mais les libéraux diront-ils que notre Constitution, sans les développemens qui la perfectionnent, suffit d'autant moins aux libertés publiques, que sous certains rapports, elle semble porter l'empreinte de l'ancien régime, qui fut pour nos aïeux le temps de l'esclavage Ah! qu'ils écoutent encore la voix du publiciste anglais. « Les Français, dit-il, avant leur révolu- » tion, n'étaient serfs ni de cœur ni d'âme; » dans leur soumission aveugle, ils étaient » dirigés par un principe d'esprit public, » et c'était leur patrie qu'ils adoraient » dans la personne de leur Roi ».

Ainsi, Louis XVIII, par la Charte qui nous régit, n'a voulu donner que des bornes raisonnables à nos libertés. C'est donc méconnaître l'esprit du législateur que de réclamer pour elles des développemens nouveaux, qui ne tendraient qu'à leur propre destruction.

Cependant au nom de ces mêmes libertés, on a cru devoir repousser la Proclamation du Roi, comme un principe déguisé d'absolutisme. Mais il est aussi dans les libertés du peuple, que la parole royale arrive jusqu'à lui, sans être altérée par des interprétations qui en outragent ou en dénaturent le sens. Il est encore dans les libertés du peuple de pouvoir se montrer sensible à l'appel que fait un Roi à son patriotisme, un père à son amour. Pourquoi donc le libéralisme, seul vrai tyran du peuple, a-t-il comprimé jusqu'aux moindres élans de son cœur?

Sous Louis XIV, et pendant les guerres de la Fronde, une émeute violente eut lieu à Bordeaux, contre le Parlement : il allait en être victime, lorsque la princesse *Clémence de Condé*, accourue pour le sauver, paraît sur le perron du palais, et s'écrie : *Qui m'aime me suive.* En-même-temps tout le peuple la suit, en criant : *Vive la Princesse!* et le Parlement est délivré.

De même, dans la lutte qui s'est engagée entre le libéralisme et la royauté, le ministère du 8 août avoit été désigné pour victime : la Chambre élective, par une Adresse hostile, avait appelé sur lui l'animadversion publique. Le Roi savait encore que pour corrompre les élections, on faisait du renversement obligé de ses Ministres le salut de l'État.

Dans cette circonstance urgente, le Roi, par sa Proclamation, est descendu, pour ainsi dire, auprès de chacun de ses sujets, de chaque électeur, et leur a dit : *Ce n'est pas de mes Ministres, c'est de moi qu'il s'agit; qui m'aime me suive!* L'élan eût été général; mais le libéralisme veillait; il s'interpose, et le peuple français s'étonne d'être séparé de son Roi.

Le peuple désavoue la Proclamation! Voilà ce qu'a répondu le libéralisme. Le révolutionnaire Pétion, maire de Paris, dit à l'infortuné Louis XVI, à l'occasion de l'insurrection du 21 juin, que ce bon Roi avait déplorée : « Le peuple vous a » fait ses représentations; il est tranquille » et satisfait. La municipalité a fait tout » ce qu'elle a dû faire. Elle n'attend pas, » pour remplir ses devoirs, qu'on les lui » rappelle ». N'est-ce pas là, je le demande, la réponse que les journaux libéraux, faux organes de la nation qui les désavoue, ont prétendu faire de sa part à la Proclamation du Roi ?

Mais n'importe l'effet qu'elle devait produire ; Charles X saura vaincre les obstacles, et réaliser ses promesses et nos espérances. Fort de son bon droit et de nos institutions, le Roi de France est invincible. Mais qu'il le sache, fort aussi de l'amour de son peuple, cet amour appuiera ses actes comme il a recueilli ses paroles. C'est ainsi qu'on reconnaîtra l'effet de la Proclamation sur des millions de cœurs, quoi qu'en disent quelques centaines de votes.

Témoin ce député généreux qui se range pour jamais sous la bannière de la fidélité : candidat libéral, à la voix de son Roi il redevient citoyen royaliste ; signataire de l'Adresse, il répudie un pareil titre, et désavoue avec horreur les devoirs nouveaux qu'il lui imposait, parce qu'il a compris que le premier de tous était de satisfaire un Roi, de consoler un père ! Honneur ! mille fois honneur à celui qui a donné l'exemple d'un retour si glorieux !

La France peut dire encore qu'elle compte un Français de plus.

Mais cette France, cette patrie affligée, offensée dans la personne de son Roi, électeurs qui le pouvez encore, ne vengerez-vous pas sa gloire, ne consolerez-vous pas sa douleur? Victime d'un ennemi trop habile, elle voit sa force se changer en faiblesse, ses lois se tourner contre elle; obligée même d'appeler de toute part, pour la représenter, pour la défendre, ceux qui semblent intéressés à la perdre. Son ennemi puissant triomphera-t-il aussi de vous?

Vous êtes instruits par ses dernières conquêtes, vous êtes éclairés sur le but qu'il se propose : n'en est-ce pas assez pour vous prémunir contre ses séductions ou vous armer contre ses violences.

N'oubliez pas que naguère encore tous les Français ne demandaient que leur Roi légitime. Il est venu à vous ce Roi; mais il s'est fait généreusement précéder par la Charte que vous n'attendiez pas. Eh bien! cette Charte, palladium de vos libertés, on l'invoque aujourd'hui contre le Roi lui-même. Il l'a jurée, il l'observe fidèlement : cependant, Roi légitime, Roi constitutionnel, il trouve encore des ennemis, ou plutôt des ingrats.

Pour vous, Français, électeurs, souvenez-vous du double bienfait de la Providence; que le Roi et la Charte invariablement unis vous le rappellent sans cesse. Par votre imprudence, ne favorisez pas le retour d'une révolution qui renouvellerait vos malheurs.

Or, affaiblir la prérogative royale, l'attaquer en face, c'est travailler, peut-être sans le prévoir, à nous replacer sous le despotisme de 1793. Si le trône est renversé, si vous prêtez la main à ce renversement, non-seulement la Charte et vos libertés seront détruites, mais élevez en-même-temps des autels à la révolution, car vous serez les premiers qu'elle y sacrifiera. Hâtez-vous de la repousser : votez donc, votez avec confiance, et songez que de votre vote dépendent vos plus chers intérêts et l'honneur du nom français.

Serait-ce en France seulement que cet honneur serait compromis ? Serait-ce au sein de la patrie que ses ennemis parviendraient à le ternir, à l'étouffer, tandis qu'au-delà des mers et au prix de tant de dangers, nos légions augmentent l'héritage de gloire que nous ont légué nos ancêtres pour le léguer à nos descendans. Français, électeurs, en envoyant vos soldats combattre sur des rivages étrangers, votre Roi leur a confié une bien grande tâche. S'en acquittent-ils dignement? Ceux-là même qui par intérêt semblaient en douter, partagent aujourd'hui l'enthousiasme public, et préparent des palmes à nos guerriers; leur général même, membre du ministère du 8 août, n'en est pas moins un *héros* aux yeux du libéralisme, qui veut aussi, en déplorant la blessure du fils, partager avec toute la France la douleur du père.

Mais en retour, électeurs, nos braves que vous admirez, qui justifient la confiance du pays, en le quittant ce pays, vous ont confié une autre tâche plus importante encore. Ils ne peuvent par leurs votes donner à la France de bons députés, puisqu'eux-mêmes, sur une terre infidèle, versent leur sang pour Dieu et le Roi; c'est donc à vous seuls qu'ils ont laissé le devoir d'assurer par de bons choix nos destinées futures. Ici l'honneur est solidaire ! Prouvez donc que vous avez aussi, dans l'intérêt commun de la patrie, rempli votre mission. Ils l'apprendront avec enthousiasme; ils sauront que vos votes, quoique peu nombreux au milieu de tant d'autres, ont tous été pour la royauté; et, dans leur reconnaissance, dans leur admiration, ils vous assimileront aux braves qui, parmi leurs frères d'armes, auront surtout mérité les lauriers de la victoire.

Vive le Roi!..... Le canon d'allégresse se fait entendre..... Le Croissant a fui devant le drapeau sans tache.... Alger a ouvert ses portes.... Français! Électeurs! quelles douces émotions doit faire éprouver à vos cœurs le son de l'airain qui annonce la victoire!

Honneur au Roi qui a voulu cette guerre si glorieuse pour la Religion et pour la Patrie! honneur au digne chef de tant de héros, au fidèle dépositaire de la puissance et des inspirations de son Roi!... Honneur aux héros eux-mêmes qui ont si vaillamment secondé sa bravoure et justifié la confiance de leur Roi!

Français, Électeurs, ce tribut d'hommage n'est-il pas celui que vous avez déjà payé aux défenseurs de la croix, aux vengeurs de notre pavillon, aux libérateurs des mers!

Que nous serions heureux, que vous le seriez avec nous, quelle récompense pour nos frères d'outre-mer, s'ils pouvaient aussi faire retentir sur le théâtre de leurs triomphes, ce cri de la reconnaissance : Honneur aux Électeurs, dont le vote courageux a fait remporter à la royauté, sur le sol même de la patrie, une victoire qui attestera que les trophées d'Afrique ne sont pas destinés à disparaître un jour sous les ruines de la France!

PROCLAMATION DU ROI.

CHARLES, PAR LA GRACE DE DIEU, ROI DE FRANCE ET DE NAVARRE,

A tous ceux qui ces présentes verront, salut.

FRANÇAIS!

LA dernière Chambre des députés a méconnu mes intentions. J'avais droit de compter sur son concours pour faire le bien que je méditais; elle me l'a refusé! Comme père de mon peuple, mon cœur s'en est affligé; comme Roi, j'en ai été offensé. J'ai prononcé la dissolution de cette Chambre.

Français! votre prospérité fait ma gloire; votre bonheur est le mien. Au moment où les colléges électoraux vont s'ouvrir sur tous les points de mon royaume, vous écouterez la voix de votre Roi.

Maintenir la Charte constitutionnelle et les institutions qu'elle a fondées, a été et sera toujours le but de mes efforts.

Mais pour atteindre ce but, je dois exercer librement et faire respecter les droits sacrés qui sont l'apanage de ma couronne.

C'est en eux qu'est la garantie du repos public et de vos libertés. La nature du gouvernement serait altérée, si de coupables atteintes affaiblissaient mes prérogatives, et je trahirais mes sermens si je le souffrais.

A l'abri de ce gouvernement, la France est devenue florissante et libre. Elle lui doit ses franchises, son crédit et son industrie. La France n'a rien à envier aux autres États, et ne peut aspirer qu'à la conservation des avantages dont elle jouit

Rassurez-vous donc sur vos droits. Je les confonds avec les miens, et les protégerai avec une égale sollicitude.

Ne vous laissez pas égarer par le langage insidieux des ennemis de votre repos. Repoussez d'indignes soupçons et de fausses craintes, qui ébranleraient la confiance publique et pourraient exciter de graves désordres. Les desseins de ceux qui propagent ces craintes échoueront, quels qu'ils soient, devant mon immuable résolution. Votre sécurité, vos intérêts ne seront pas plus compromis que vos libertés : je veille sur les uns comme sur les autres.

Électeurs, hâtez-vous de vous rendre dans vos colléges. Qu'une négligence repréhensible ne les prive pas de votre présence! Qu'un même sentiment vous anime, qu'un même drapeau vous rallie!

C'est votre Roi qui vous le demande; c'est un père qui vous appelle.

Remplissez vos devoirs; je saurai remplir les miens.

Donné en notre château des Tuileries, le treizième jour du mois de juin de l'an de grâce mil huit cent trente, et de notre règne le sixième.

CHARLES.

Par le Roi :

Le Président du Conseil des Ministres,

Prince DE POLIGNAC.

TABLE.

www.ingramcontent.com/pod-product-compliance
Ingram Content Group UK Ltd.
Pitfield, Milton Keynes, MK11 3LW, UK
UKHW012043240726
13965UKWH00003B/995